SPORTS-BIBLIOTHÈQUE

LE FOOTBALL

PAR
CH. GONDOUIN ET JORDAN
PRÉFACE DE DEDET

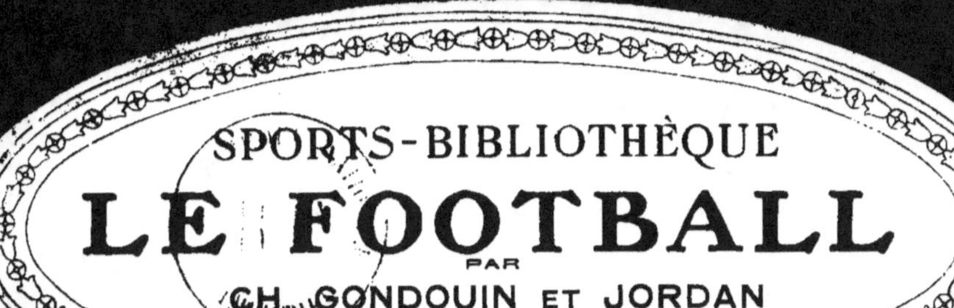

PIERRE LAFITTE & CⁱᴱE
PARIS

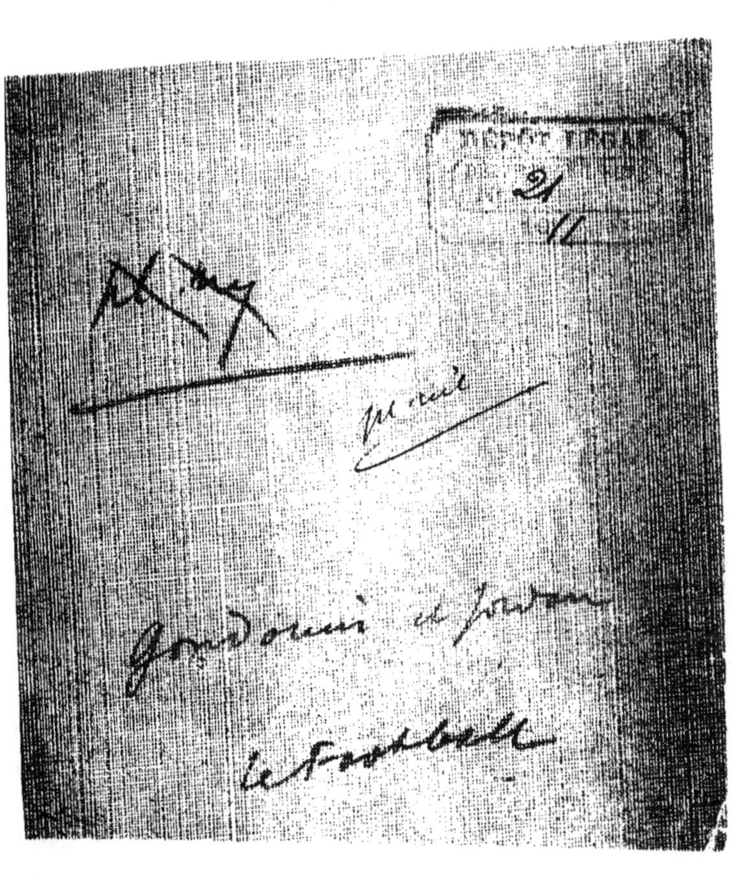

LE FOOTBALL

NOTE DES ÉDITEURS

Les Édi-
teurs de SPORTS-
BIBLIOTHÈQUE seront
obligés aux lecteurs de ce volume de leur signaler les oublis
et les omissions qui pourraient s'y
être produits. :: :: :: Ils accueilleront
aussi avec reconnaissance les indications, les conseils qu'on voudra bien
leur faire parvenir au sujet des perfec-
tionnements et améliorations à y
apporter. :: :: :: :: :: Ils s'efforceront
d'en tenir compte dans les édi-
tions ultérieures du présent
ouvrage, ainsi que dans les
autres volumes de la
collection.

SPORTS-BIBLIOTHÈQUE

LE FOOTBALL

RUGBY — AMÉRICAIN
ASSOCIATION

PAR

Ch. GONDOUIN
Arbitre officiel de l'Union des Sociétés françaises de Sports Athlétiques.

et JORDAN
Ancien capitaine du Stade Français.

PRÉFACE DE LOUIS DEDET
Vice-Président du Stade Français.

---

*OUVRAGE ORNÉ DE 48 PAGES D'ILLUS-
TRATIONS PHOTOGRAPHIQUES
ET CINÉMATOGRAPHIQUES
HORS TEXTE*

PIERRE LAFITTE & Cⁱᵉ
90, AVENUE DES CHAMPS-ÉLYSÉES
PARIS

NOTE DES ÉDITEURS

Longtemps indifférent aux bienfaits du sport, le Français a enfin compris quels avantages il en peut retirer au double point de vue de la santé générale et du perfectionnement physique. Il est d'un intérêt supérieur, en effet, pour le pays et pour la race même, de former une jeunesse vigoureuse, énergique, hardie, entraînée à l'action, prompte à la lutte, fortement armée pour les dures batailles de la vie.

Bien avant nous, les Anglais et les Américains ont compris cette vérité et se sont adonnés passionnément à la pratique de tous les sports. Ils y ont acquis une incontestable maîtrise et il nous a suffi, pour nous initier nous-mêmes, de les prendre comme modèles et comme éducateurs.

L'initiation a été rapide et le résultat merveilleux.

Aujourd'hui, presque toutes les villes de France possèdent une ou plusieurs sociétés sportives qui groupent des adhérents chaque jour plus nombreux et plus convaincus. Le Français, on peut le dire, est désormais acquis au sport.

Une chose lui manque toutefois.

C'est l'ouvrage spécial où il trouvera, novice, les règles et la technique du sport qu'il pratique et, joueur déjà initié, la tactique, le « style » qui lui donneront la maîtrise définitive.

Ces ouvrages, l'Angleterre les possède, la France ne les a pas encore et, pour bien des sports, nous devons nous contenter de manuels sommaires, trop souvent incomplets et en tout cas insuffisants pour les amateurs passionnés que nous sommes devenus.

Sports-Bibliothèque, dont nous présentons aujourd'hui le premier volume à nos lecteurs, a pour but de combler cette lacune. Ses vingt-quatre volumes formeront une véritable encyclopédie sportive et chacun d'eux, en particulier, sera le code définitif du sport spécial auquel il sera consacré.

Afin d'atteindre ce résultat, nous nous sommes adressés, pour chaque sport et même pour chaque branche spéciale d'un même sport, à tous ceux dont le nom, de l'avis unanime, fait autorité en la matière. Lorsque, dans un même sport, diverses théories sont en présence, chacune d'elles est exposée, en toute impartialité, par celui-là même qui en est le champion le plus brillant et le plus qualifié.

Il suffira au lecteur de parcourir la liste suivante pour se rendre compte de la haute compétence des collaborateurs de Sports-Bibliothèque.

LE FOOTBALL, par Ch. GONDOUIN et JORDAN.

LA BOXE, par WILLIE LEWIS, TOMMY BURNS, JOE JEANNETTE, CHARLEMONT, etc.

LES SPORTS D'HIVER, par Louis MAGNUS, DE LA FRÉGEOLIÈRE.

LE GOLF, par ARNAUD MASSY.

LES COURSES A PIED ET LES CONCOURS ATHLÉTIQUES, par FAILLOT, DE FLEURAC, SPITZER, ANDRÉ.

LES SPORTS DE DÉFENSE, *appliqués aux combats sérieux,* par Jean JOSEPH-RENAUD.

L'ÉQUITATION ET LE CHEVAL, par MOLIER.

LE CYCLISME, par Marcel VIOLLETTE, PETIT-BRETON, ELLEGAARD.

L'AUTOMOBILE, par H. PETIT et MEYAN.

LA NATATION ET LE ROWING, par JARVIS, LEIN et G. LE ROY.

LA CHASSE A TIR, par CUNISSET-CARNOT.

L'ESCRIME, par Jean JOSEPH-RENAUD.

LA CHASSE A COURRE, par le Capitaine DE MAROLLES.

LA LUTTE, par Paul PONS, BLAZE, AKITARO ONO.

LE TIR, par le Comte D'ALINCOURT, Comm¹ FERRUS, Comm¹ CHAUCHAT, etc.

LES EXERCICES PHYSIQUES, par BONNES, MASPOLI, Pierre PAYSSÉ.

LES COURSES DE CHEVAUX, par le Baron DE CATERS.

LA CONDUITE EN GUIDES, par le Comte POTOCKI.

HOCKEY, TENNIS, BOWLING, BALLES ET BOULES, par CRIVELLI, MENY, DE FLEURAC.

LA PÊCHE, par CUNISSET-CARNOT.

L'AÉRONAUTIQUE, par le Commandant VOYER, le Capit. DO.

LE YACHTING, par CLERC RAMPAL.

L'ALPINISME, par Georges CASELLA.

LES SPORTS DE CHAMBRE ET LE BILLARD, par Georges LE ROY

Dans chacun de ces volumes, à l'appui d'un texte dont le nom des signataires garantit la valeur, vient s'ajouter le commentaire d'une illustration photographique soignée, précise, à la fois artistique et documentaire. Nous avons même fait appel aux ressources *du cinématographe pour la décomposition, dans chaque sport, des mouvements les plus importants.*

Malgré nos soins et la minutie d'une documentation très longue à établir, il se peut que des erreurs de détail se soient glissées dans la rédaction de certains volumes de Sports-Bibliothèque ou que d'involontaires omissions y soient relevées. Dans l'intérêt de la collection, dans l'intérêt même du sport, nous serons reconnaissants à nos Lecteurs de vouloir bien nous signaler ces fautes, erreurs ou omissions, afin de nous aider à les réparer, soit dans une nouvelle édition du volume lui-même, soit, si l'observation est de nature plus générale, dans tous les ouvrages de la collection, parus ou à paraître.

Grâce à cette collaboration de tous, grâce à la compétence des auteurs de Sports-Bibliothèque, nous espérons que cette collection aura une heureuse influence sur le développement sportif de notre pays.

C'est donc à tous les amis des sports que nous faisons appel en sa faveur; c'est à eux que nous confions ses destinées.

Les Éditeurs.

LE FOOTBALL

TABLE DES MATIÈRES

DEUXIÈME PARTIE

LE FOOTBALL AMÉRICAIN, par JORDAN

TROISIÈME PARTIE

LE FOOTBALL ASSOCIATION, par JORDAN

PRÉFACE

L'HOMME est, en son fond, une volonté qui s'exprime, mais une volonté consciente et lentement formée. S'il en est ainsi, la vie n'a de signification que par l'effort. Comme le dit William James, « toute la question est de savoir quel effort nous pouvons réaliser ». Voilà la mesure même de notre valeur personnelle.

Or, on ne peut le nier, les Sports, tels que les comprennent les hommes qui ont tenté de rénover par eux notre jeunesse française, donnent plus d'énergie de vouloir, plus de force pour la vie, plus de valeur profonde par conséquent, à ceux qui les pratiquent, qui les ont pratiqués dans une juste et saine disposition d'esprit et, j'ose dire, de cœur.

Parmi les sports éducateurs, nous devons placer au premier rang ceux dont traite le présent volume et qu'on pourrait appeler les grands jeux par équipes : Football rugby et association.

Dans les pays où l'éducateur se préoccupe de former autre chose que des mandarins de lettres, c'est une vérité banale qu'un « vouloir » humain, une énergie humaine tendue vers un but consciemment choisi, c'est par excellence sur la pelouse de sports, au grand air vif, équilibreur des corps et des âmes, qu'ils se forment. Vérité fondamentale, mais que nous autres Français, après tant de générations inutiles de *dilettanti* impuissants, commençons seulement à apercevoir.

Cette vérité pédagogique est elle-même l'application d'une vérité plus générale encore : la vie universelle n'est autre chose qu'une lutte. Que les lâches s'en effrayent ou s'en désolent, le réconfort des énergiques et leur espoir réside là : toute existence se constitue et se maintient par une lutte et par une victoire.

Apprenons donc la lutte et le triomphe. Prenons-en l'habitude et le goût sur les terrains gazonnés où se jouent les grands jeux.

Là, en même temps que l'habitude de vaincre et l'horreur des diminutions, des défaites, des abandons, nous prendrons encore d'autres façons d'être profitables. Là, nous connaîtrons le prix de la solidarité et du dévouement. Nous percevrons que l'individu, si brillant soit-il, ne peut rien s'il est seul ; qu'il lui faut travailler pour l'ensemble, se dévouer à cette entité : l'équipe. Nous comprendrons que lutter pour tous, c'est lutter pour soi-même.

On va partout réclamant des éléments sociaux utiles. Une société humaine ne se constitue pas, ne s'affermit pas au moyen d'individus sans personnalité, dont on a fait des craintifs, des obéissants, prêts à s'incliner servilement devant tous les pouvoirs. La société a besoin de *personnes*, c'est-à-dire de volontés incoercibles.

Mais ces volontés, ces personnalités ne doivent pas non plus demeurer éparses, anarchiques. On pourrait craindre que l'individu, à mesure qu'il prend davantage conscience de sa valeur, surtout s'il croit pouvoir vivre et s'épanouir indépendamment, ne devînt facilement un isolé, bientôt un révolté. Pour être une cellule sociale utile, il faut avoir compris qu'une cellule ne vaut que par l'organisme dont elle fait partie ; il faut que l'idée, la préoccupation de l'ensemble se transforment chez nous en une habitude d'esprit et même en un sentiment.

Or, si nulle part un caractère ne se trempe mieux que sur un terrain de lutte sportive, nulle part non plus l'individu ne comprend mieux que là la nécessité de l'idée d'*ensemble*, de l'idée de groupe. Il voit ses efforts échouer dans l'isolement, réussir s'ils se combinent avec d'autres efforts. L'abnégation, le sacrifice à l'équipe s'imposent moment par moment. Au cours de la lutte même qui l'habitue à vaincre, il apprend ainsi à goûter, jusqu'à ne pouvoir s'en passer, la joie profonde de la solidarité active et le charme bienfaisant de la *camaraderie* triomphante.

J'aime beaucoup, par profession, les leçons abstraites de morale. Mais combien plus active, plus mordante pour ainsi dire, est la leçon des faits ! La vie réelle, malheureusement, ne nous donne que des enseignements lents à venir, ironiquement tardifs : le plus souvent, le désastre est irréparable avant que nous ayons été avertis de l'erreur.

Dans le raccourci admirable de la lutte équipe contre équipe, tous les éléments d'une leçon valable pour l'existence se trouvent réunis. Dieu merci, les défaites ni les erreurs ne sont là des catastrophes irréparables. Expérience par expérience, à l'école de la lutte collective, nous sentons croître en nous la science, le sens des réalités et la rectitude prompte du jugement.

A vrai dire, on ne conteste plus guère les avantages des jeux de plein air, surtout de grands jeux par équipes. Mais ces jeux-là présentent, dit-on, des dangers qui compensent et au delà leurs incontestables avantages. *Football Association*, *Football-Rugby* surtout ! Peut-on, sans frémir, songer à tout ce que ces seuls mots contiennent de menaces ?

Il est oiseux, je pense, de recommencer une fois encore le procès tant de fois gagné sur ce point par les sports. Il est inutile de chercher à persuader ceux et celles qui ne parlent pas la même langue que nous. Qu'on s'entête, si on le veut, à élever les enfants dans l'ouate et dans la peur ; qu'on les prépare ainsi à toutes les défaites et à toutes les impuissances. La vie, la mort surtout, sont là pour nous débarrasser des espèces inférieures, des générations infériorisées.

Je ne me donnerai même pas la peine de relever la fausseté des statistiques sensationnelles qui paraissent périodiquement dans des revues tendancieuses. D'où viennent ces statistiques ? Qui les a établies ? contrôlées ? Mystère. Je n'invoquerai pas non plus ma rassurante expérience personnelle, soit comme joueur, soit comme formateur de générations multiples de footballeurs fanatiques.

Au contraire, je le proclame : j'ai vu des accidents et j'en suis heureux. Tout sport a ses dangers. Le sport par équipes a les siens. Et s'il était sans dangers, nous n'aurions qu'à chercher quelque autre jeu où tremper le corps et l'âme de nos enfants.

Que demandons-nous au sport, si ce n'est la joie et l'apprentissage de l'effort triomphant ? Mais qui dit effort dit douleur. D'ailleurs, comment, dans une vie faite de luttes, dans un monde dont la concurrence constitue la loi fondamentale, comment émettre la prétention d'éviter la souffrance ?

C'est dans la capacité de souffrir que réside le propre de la volonté. Il est, d'autre part, illusoire de vouloir éviter la douleur. Allons donc hardiment à la douleur ! Nous ne saurons pas sans apprentissage notre métier d'être vivant et d'homme. Consentons à mourir ou consentons à souffrir. Familiarisons-nous avec cette douleur dont l'aversion est si naturelle. Construisons-nous une volonté, c'est-à-dire le pouvoir de ne pas trembler devant l'idée ou la réalité de la souffrance.

Quoi donc de plus inutile moralement qu'un sport, exempt de dangers ou de souffrances comme le rêveraient les mamans ? Sa grandeur, sa fécondité, sa vertu, c'est de toujours comporter des risques et mieux que des risques : de la réelle et effective douleur. Affronter les risques de jeu, c'est s'accoutumer à l'idée de la souffrance ; c'est se cuirasser contre la peur et contre l'imagination, mère de la peur. Supporter vaillamment les mille impressions douloureuses, les mille chocs pénibles que toute partie de football provoque, c'est se familiariser avec ce que l'homme redoute par-dessus tout : le mal physique; c'est apprivoiser le monstre pour bientôt se jouer de lui. Et souffrir ainsi, non pas pour soi mais pour les autres, pour l'équipe, pour une idée, c'est faire acte de vertu suprême.

Celui qui dans la mêlée du rugby, l'epaule froissée, les reins tordus, sans faiblir, a fait de son mieux, en dépit de

la douleur, celui-là, n'en doutez pas, sera demain une saine
et utile cellule sociale. Celui qui, blessé, n'a pas voulu abandonner ses partenaires, a lutté jusqu'au bout pour l'équipe,
pour continuer d'être le onzième ou le quinzième élément
effectif d'un *team* de football, celui-là a remporté sur sa sen-
sibilité et sur son égoïsme une victoire dont la vie lui tiendra
compte.

Qu'on me pardonne l'émotion d'un souvenir : lors de
mes premières années de football, un des nôtres, garçon de
dix-sept ans, se brisa la clavicule en plein match intersco-
laire. Il ne dit rien, ne poussa pas une plainte et continua
à jouer, luttant pour que ses camarades ni ses adversaire ne
s'aperçussent de rien. Il allait atteindre sans faiblir le coup
de sifflet final, lorsqu'une entorse du genou le coucha sur
le sol. Il fallut emporter le double et glorieux blessé qui
n'avait pas voulu céder à la douleur. Le pauvre enfant est
mort depuis. Mais dans une lutte de quatorze années contre
la mort, il a montré la même fermeté, le même calme
héroïque, le même dédain muet de la souffrance. Celui-là
était bien des nôtres.

Oui, si j'avais un disciple de choix qui vînt me demander
la clef d'or qui ouvre la vie, je lui dirais :

« Veux-tu être fort, dévoué, utile, sûr, heureux ? La vie
est une lutte, voilà le premier article de ton *credo*. Apprête-
toi donc à lutter; trempe ta volonté pour l'effort. A force

d'habitude, transforme l'âpreté de l'effort et du combat en la plus profonde des joies : la joie d'agir et de lutter. Aime la victoire ; mais, plus encore que la victoire, aime le libre déploiement, le déploiement désintéressé de tes facultés et de tes forces.

« Or, cela constitue « l'activité de jeu », comme disent les philosophes. Cela, c'est le sport. Va donc apprendre la vie sur les terrains de jeu où s'élabore l'accoutumance à la lutte, à la victoire, à la joie. Là, tu apprendras que la douleur même cède à qui la regarde en face et sans peur ; là, par surcroît, tu découvriras la grandeur joyeuse du dévouement, du sacrifice. Une sorte d'habitude impérieuse, un besoin se créera en toi de cette sensation, unique en beauté, en pureté comme en profondeur, que nous procure l'expansion généreuse de notre être par l'action. Voilà le secret de la vie. Tu te prépareras ainsi à rendre la tienne heureuse et féconde. Tu entreras dans l'existence entouré de la confiance qu'on accorde aux forts et du respect que le monde marque à ceux qui portent le signe des victorieux. »

Louis Dedet.

PREMIÈRE PARTIE

LE FOOTBALL-RUGBY

Par Ch. GONDOUIN

LE FOOTBAL=RUGBY

SES ORIGINES
EN ANGLETERRE
ET EN FRANCE

LES recherches faites sur les origines du football établissent, d'une façon certaine, que, dans l'antiquité, cet exercice faisait partie de l'éducation athlétique grecque. Il consistait alors, pour un certain nombre d'athlètes, à se disputer la possession d'une vessie de bœuf, gonflée d'air ou bourrée de sable, pour la porter, avec le secours des alliés et malgré les efforts des adversaires, à un endroit désigné à l'avance

En soumettant la Grèce à leur domination, 150 ans avant Jésus-Christ, les Romains prirent un goût très vif aux exercices athlétiques qu'ils virent pratiquer et, dès leur retour en Italie, ils s'adonnèrent passionnément à la plupart d'entre eux.

Par son caractère de violence, le jeu de ballon, « l'harpastum » plut particulièrement aux soldats qui trouvèrent dans sa pratique un excellent moyen de tromper les ennuis des camps tout en développant leurs qualités d'endurance, de vigueur et de combativité.

Les légionnaires qui stationnèrent plus tard dans les contrées de la Gaule soumises à la République, transmirent à une nouvelle race ce que leurs prédécesseurs avaient appris des Grecs, et c'est ainsi que le football fut pratiqué, dès les premières années de l'ère chrétienne, par les populations du midi et de l'ouest de la France actuelle.

L'exercice du ballon fut surtout bien accueilli des Armoricains, lesquels, probablement, le firent connaître à leurs voisins de l'est, et la version indiquant que ce sont les hommes d'armes de Guillaume le Conquérant qui exportèrent en Grande-Bretagne l'antique « harpastum », semble plus exacte que celle qui attribue le même fait aux légionnaires qui passèrent la Manche avec Jules César.

LE RUGBY EN ANGLETERRE Quoi qu'il en ait été, un siècle à peine après l'invasion normande, le football était en pleine vogue en Angleterre, ainsi qu'en fait foi une chronique datant de 1175 et dans laquelle il est relaté que, chaque année, au temps du carnaval, qui était alors compris entre l'Épiphanie et le mercredi des Cendres, les jeunes hommes de la cité de Londres se réunissaient certaines après-midi pour se livrer, dans la campagne, au jeu bien connu du ballon.

La grande faveur dont ce jeu jouissait dès cette époque, devint bientôt une passion, puis une véritable frénésie qui s'empara des paysans et des citadins. Ces derniers en vinrent même, pour avoir plus de temps à sacrifier à leur dieu, à disputer en toutes saisons et à tout propos des parties acharnées dans les rues de leurs villes et, comme le règlement du jeu, ou plutôt l'absence de règlement, permettait à cette époque d'employer les moyens d'attaque et de défense les plus durs et les plus dangereux, la chose n'allait pas sans faire courir les risques les plus graves non seulement aux joueurs, ce qui n'eût été que demi mal, puis-

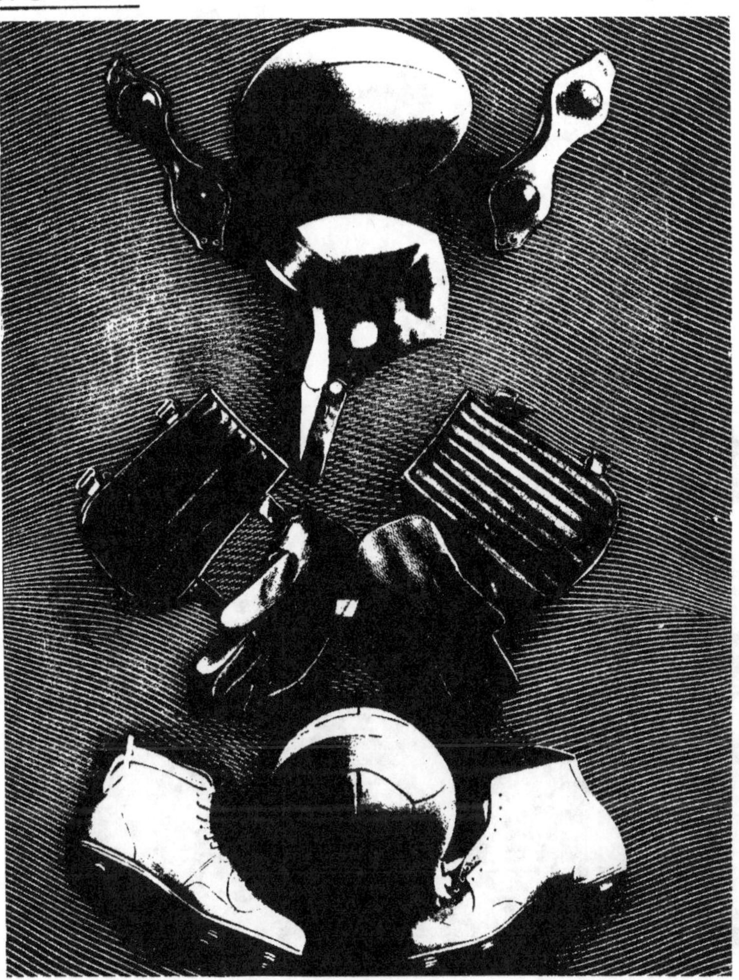

Les accessoires du Football-Rugby et du Football-Association
Ballon de rugby — Protège-chevilles — Cache-oreilles — Jambières — Gants des gardiens
de but — Ballon de football-association — Souliers.

Arrêt de volée. — La réussite de l'arrêt de volée exige un sentiment de la distance qui, une fois acquis, amène le joueur à se placer exactement au point de chute du ballon.

qu'ils encouraient ces risques si volontiers, mais encore aux spectateurs bien involontaires de la bataille, c'est-à-dire aux passants paisibles et aux petits boutiquiers.

Enfin, et en l'honneur du football, il y eut tant de têtes et de membres rompus, il devint d'un usage si courant de mettre à sac, pour le même motif, les échoppes et les boutiques, que les rois d'Angleterre durent intervenir pour essayer de réfréner une passion aux conséquences aussi funestes.

Le football connut alors une longue et glorieuse épreuve de persécution dont l'ère s'ouvrit le 13 avril 1314, par un édit d'Édouard II prohibant, sous peine d'amende et d'emprisonnement, les « *raigeries de grosses pelotes,* » comme étant une abondante source de noises et de troubles dans les villes du royaume.

Cette première interdiction eut pour seul résultat d'adjoindre aux victimes ordinaires du football un nombre incalculable de délinquants contraints à subir les peines édictées. Pourtant, plus que jamais, les jeunes gens de toutes classes délaissèrent tout divertissement et même toute occupation sérieuse pour pratiquer un sport dont les autorités venaient d'augmenter singulièrement l'attrait en y ajoutant celui du plaisir défendu.

La pratique exclusive du football enleva ainsi presque tous ses adeptes à l'exercice du tir à l'arc, jusqu'alors très en faveur, et qui bénéficiait de la protection royale pour avoir assuré à l'armée anglaise une grande supériorité sur toutes les autres. Édouard III, qui avait les meilleures raisons pour tenir à l'habileté de ses archers, résolut de faire disparaître ce qui pouvait la compromettre et exprima sa volonté par l'édit qu'il rendit en 1349, lequel prohibe le football comme la raison « of the decadence of archery ».

Cette interdiction fut renouvelée par le même roi et à peu

près dans la même forme en 1365, puis par Richard II en 1389, par Henri IV en 1401, par James III en 1457. Entre temps, James I⁰ʳ, dans les conseils qu'il donne à son héritier, lui signale particulièrement que le football est un exercice plus propre à se faire rompre les membres qu'à mettre un prince à même de bien gouverner son État.

Le changement de dynastie qui fit suivre, sur le trône d'Angleterre, les princes de la maison de Tudor à ceux de la maison de Lancastre, ne changea rien au discrédit dans lequel le football était tenu par les autorités.

Henri VIII lui fut particulièrement défavorable, mais ce roi, qui se débarrassait de ses épouses avec l'immense facilité que l'on connaît, fut infiniment moins heureux dans les tentatives qu'il fit pour supprimer le football. La reine Elisabeth, sa fille, n'eut pas plus de chances dans la campagne qu'elle continua pour obtenir le même résultat. Deux proclamations faites sous son règne, le 27 novembre 1572 et le 2 novembre 1581, pour interdire le football dans les rues de la cité de Londres sous peine d'emprisonnement, restèrent lettre morte.

Il semble que les Stuarts, qui succédèrent aux Tudors, laissèrent les joueurs de football s'entre-démolir plus librement, mais un ennemi plus puissant encore s'éleva contre eux. Le Puritanisme, à sa naissance, se déclara en effet contre tous les exercices corporels opposés, d'après sa doctrine, au développement des indispensables qualités spirituelles d'humilité et de douceur.

Le football fut condamné d'une façon particulièrement sévère par les écrivains et par les orateurs de la nouvelle secte.

L'un d'entre eux, Stubbes, s'exprimait déjà sur ce sujet avec une prodigieuse véhémence au temps d'Élisabeth. Dans son ouvrage, *Anatomie of abuses in the Realm of England* (Examen des abus dans le royaume d'Angleterre), publié en

1583, le football est qualifié de pratique sanglante, meurtrière et diabolique.

Si la pieuse horreur qu'avait pour le football une secte dont l'influence fut énorme, ne parvint jamais à abolir ce sport, elle réduisit néanmoins considérablement sa popularité. Shakespeare le mentionne cependant dans plusieurs de ses pièces dont : *la Comédie des Erreurs* et *le roi Lear* (acte Ier, scène IV).

Il y avait alors deux genres de football : le *hurling at goales* et le *hurling over country*. Un auteur anglais du commencement du XVIIe siècle, Carew, décrit chacune de ces manières de jouer dans son livre *Survey of Cornowall*, édité en 1602.

Le *hurling at goales* était joué entre trente, quarante ou soixante joueurs divisés en deux camps. Les joueurs des deux équipes se formaient par paires et deux partenaires avaient deux adversaires qui leur étaient personnels. Ces dispositions préalablement prises, il s'agissait de porter ou de conduire un gros ballon en cuir dans le but ennemi figuré par deux fagots distants de trois ou quatre mètres. Une centaine de mètres, quelquefois plus, étaient la longueur du terrain.

Les règlements les plus précis interdisaient de charger un adversaire, de l'arrêter au-dessous de la ceinture, et défendaient encore aux joueurs d'opérer en devançant le ballon, « *To deal a foreball* », ce qui est exactement la réglementation actuelle du hors-jeu.

Le *hurling over country* était joué, comme son nom l'indique, à travers la campagne entre les jeunes gens de plusieurs paroisses qui s'alliaient ou se défiaient. Des arbres ou des maisons distants de plusieurs kilomètres constituaient les buts, et la victoire revenait à la compagnie dont un ou plusieurs joueurs réussissaient, par force ou par adresse, à porter le ballon à l'endroit désigné.

Les joueurs du camp menacé qui s'apercevaient de la direction de l'attaque, avertissaient leurs partenaires en leur criant :
« Gardez-vous à l'est » ou : « Gardez-vous à l'ouest ». « Les hurlers,
écrit Carew, passent par-dessus haies et fossés ; ils traversent
bruyères, buissons d'épines, bourbiers, flaques d'eau et rivières.
Aussi peut-on voir parfois vingt à trente joueurs barboter
ensemble dans l'eau, se tiraillant et luttant pour s'arracher le
ballon. »

Cette description est suivie d'une juste critique qui signale
les conséquences bonnes et mauvaises de ce passe-temps qui,
« s'il assouplit les corps, les fortifie, les endurcit et donne au
cœur le courage pour rencontrer l'ennemi et lui faire face, comporte, d'autre part, tant de dangers que, lorsqu'il a pris fin, on
peut voir des joueurs regagner leurs demeures avec des visages
ensanglantés, des os brisés et quelquefois si grièvement blessés
que leurs jours seront abrégés ».

Dans l'embarras où il se trouve de se prononcer pour ou
contre un exercice, dont les différentes conséquences sont à
rechercher et à craindre, Carew réserve son jugement. Pourtant
on peut supposer qu'il ne considérait pas le football sans une
certaine complaisance car il termine sa critique par cette origi-
nale considération que « malgré tout c'est un bon jeu et jamais
commissaire ou procureur n'est appelé à intervenir ».

La popularité du football diminua encore pendant le
XVIIIe siècle au point que, complètement délaissé par les paysans et les citadins, il n'était plus pratiqué que dans certaines
écoles dont les élèves modifièrent les règlements traditionnels
du *hurling at goals* suivant les conditions matérielles dans
lesquelles ils se trouvaient. Les écoliers qui avaient à leur disposition des terrains de jeu gazonnés, comme ceux de l'école de
Rugby par exemple, furent les plus fidèles conservateurs des
traditions tandis que les élèves dont les ébats avaient lieu

sous des cloîtres comme au Chaterhouse, ou dans des cours dallées comme à Westminster, se virent obligés de proscrire les arrêts et les plaquages, et cela probablement à leur grand regret pour tout ce que le jeu perdait en attrait.

La renaissance sportive qui se fit en Angleterre tout au début du XIXe siècle redonna bientôt au football une grande partie de son ancienne vogue et, comme autrefois encore, la rudesse de son caractère souleva les critiques des sociologues et même des écrivains sportifs.

L'un de ces derniers, le célèbre Strutt, écrit en 1801 que le football est un exercice excessivement violent dont les pratiquants s'entre-frappent les jambes à coups de pied sans la moindre cérémonie et se renversent réciproquement d'une façon extrêmement hasardeuse pour l'intégrité de leurs membres.

Un autre auteur, peut-être moins au fait que Strutt des choses sportives, Glover, ne peut contenir son indignation à propos d'un match auquel il assista dans le Derbyshire en 1829.

« Tibias brisés, têtes cassées », écrit-il avec horreur, « sont parmi les moindres accidents de ces effroyables disputes et il est fréquent que des personnes, dans l'intensité de la mêlée, tombent inanimées et sanglantes sous les pieds de la horde qui les entoure [1]... »

Il dit encore qu'un voyageur français, qui assistait à cette partie, déclara que si les Anglais appelaient « jeu » un semblable exercice, il lui était complètement impossible de se représenter ce qu'ils nommaient une « bataille ».

Il est probable que le code qui réglementait de semblables parties ne différait pas sensiblement de celui qui était accepté deux siècles auparavant, aussi devint-il convenable de le modifier

---

[1] Glover. *History of Derbyshire*, 1829.

conformément à l'adoucissement des mœurs qui s'était produit pendant cette période.

Les modifications à apporter furent étudiées dans chaque école adonnée au jeu de football et il résulte d'une étude comparée de tous les projets proposés que la manière pratiquée à l'école de Rugby était la meilleure parce que, en adoucissant le jeu d'une façon à peu près suffisante, elle lui avait conservé essentiellement ses caractères traditionnels.

Pour commémorer ce fait, le nom de Rugby s'attacha au football descendant légitime du « *hurling at goals* » cependant que la progéniture abâtardie de ce vieux sport était dénommée « *dribbling game* ».

Le football rugby et le dribbling game eurent à peu près le même succès. Les élèves sortis des « public schools » n'en continuèrent pas moins à pratiquer leur sport favori.

En 1855 les universitaires de Cambridge jouaient le dribbling game et deux ans plus tard les deux premiers clubs de football : le Scheffield Club et le Hallam Club étaient fondés à Scheffield.

Cet exemple fut profitable aux joueurs de Rugby. Plusieurs anciens élèves de cette célèbre école fondèrent, en 1858, de concert avec des écoliers récemment sortis de « Blackheath Proprietary School », le « Blackheath Football Club », qui devint si fameux par la suite. L'année d'après vit la naissance de celui qui devait être son rival non moins célèbre : le « Richmond Football Club ».

En 1863 il parut intéressant aux partisans les plus renommés du dribbling game et du rugby de chercher à unifier ces deux sports. Deux assemblées se tinrent l'une à Londres, et l'autre à Cambridge pour étudier les moyens d'unifier les deux codes. Un compromis fut proposé qui n'autorisait la course avec le ballon dans les mains que lorsqu'il aurait été reçu de volée ou repris après un seul rebond. Ce règlement de principe fut

soumis au vote d'un congrès général réuni à Londres et formé
par les délégués des principaux partisans de chaque école.
Naturellement les membres de cette assemblée ne purent arriver
à s'entendre et la dissolution de leur congrès marqua la scission
complète et définitive des deux méthodes.

Deux comités furent ensuite constitués qui s'occupèrent des
questions intéressant d'une façon générale l'un et l'autre exercices.

Le « dribbling game » fut administré par le « *Football Association* », et depuis 1871 la « *Rugby Football Union* » régit le
sport qui nous occupe.

La tâche principale du comité suprême de cette fédération et
celle à laquelle il se livra tout d'abord fut de continuer l'œuvre
des scolaires de Rugby, c'est-à-dire de conserver au jeu le caractère viril de l'antique « harpastum » tout en éliminant les
causes des dangers trop sérieux.

Des fédérations semblables existent en Écosse, en Irlande et
au pays de Galles et des traités signés entre ces fédérations
assurent les rapports entre tous les clubs de Rugby du Royaume-
Uni.

Ajoutons que l'*Union des Sociétés Françaises de Sports
Athlétiques* est également liée par traités avec chacune de ces
fédérations et c'est ainsi que, chaque année, les quinze joueurs
pris parmi les meilleurs d'une de ces fédérations disputent contre
des adversaires semblablement choisis dans les fédérations ri-
vales les matches que l'on a convenu d'appeler « internationaux ».

**LE RUGBY
EN FRANCE**   Aussi bien que des édits officiels, les traditions
de nos provinces de Bretagne, de Normandie et
de Picardie attestent que le jeu de ballon fut
pratiqué de temps immémorial surtout dans le nord, dans le
centre et dans l'ouest de la France. Cet exercice eut un nom

différent selon la contrée où il était en honneur. Les Bretons jouaient à la *soule* ou à la *mollat*, les Normands à la *melle*, à l'*étoffe* et à la *boise*, les Picards à la *choule* et les Tourangeaux à la *barrette*.

Les comptes rendus très précis qui nous sont restés de ces jeux qui se pratiquaient encore il y a une cinquantaine d'années les montrent, à très peu de chose près, tout à fait semblables aux exercices du ballon qui eurent en Angleterre pendant tout le moyen âge la vogue que nous avons dit.

La *choule* picarde ou le *choulet* consistait en une balle très volumineuse et de cuir lisse que deux équipes de joueurs, répartis en nombre égal, se disputaient d'adversaires à adversaires, et se passaient de partenaires à partenaires pour être jetée finalement à travers un cercle recouvert de papier et supporté par un poteau de bois.

Chaque équipe avait un but semblable à attaquer et à défendre et un espace d'environ trois cents mètres séparait les buts des deux camps.

On voit que ce jeu se rapporte assez au « hurling at goals » décrit par Carew. La seule différence consiste peut-être dans l'originalité de la formation des équipes picardes et du prix qui revenait à l'équipe victorieuse.

Les joueurs étaient, en effet, désignés dans l'un ou l'autre camp suivant qu'ils étaient mariés ou célibataires, et les vainqueurs seuls avaient droit de prendre part au « branle » qui est la danse par laquelle se terminent ordinairement en Picardie tous les bals publics.

« Si, écrit à ce propos le spectateur d'une partie de choule, les maris ont gagné, ils font danser les dames et les garçons les regardent tristement. Si ce sont les garçons qui ont la victoire, les maris ne voient pas sans dépit leurs moitiés au bras des triomphateurs pendant toute la durée de la danse.

COUP DE PIED DE VOLÉE. — Tenir le grand axe du ballon parallèlement à la direction des bras étendus obliquement vers le sol. Frapper le ballon avec le cou-de-pied.

Coup de pied placé. — Le donneur du coup de pied doit placer lui-même le ballon entre les mains de son partenaire qui le posera sur le sol au moment du coup de pied.

Coup de pied placé. — Quand le donneur du coup de pied a assuré le ballon d'une façon convenable dans les mains du placeur, il prend son élan et frappe à la place précise.

Beaucoup plus rude que la choule picarde était la *soule* bretonne. Comme le « hurling over country » elle se disputait entre les jeunes gens de plusieurs paroisses qui s'efforçaient, partout à travers la campagne, à conduire ou à porter, dans un endroit préalablement désigné, une énorme balle en cuir très rembourrée. Non contents de se servir pour cela de leurs moyens naturels, les Bretons employaient leurs terribles « penbas » ou pour diriger la *soule* ou pour en écarter leurs adversaires.

On peut difficilement se rendre compte de l'acharnement et même de la férocité que montraient les joueurs dans toutes les circonstances de la partie. Bien des occasions furent ainsi trouvées de satisfaire des vengeances personnelles et de nombreux joueurs succombèrent qui avaient eu d'autres raisons que celle d'être en possession du ballon pour être désignés à des coups déloyaux.

Un arrêt rendu par le Parlement de Rennes, le 25 novembre 1686 défendit « sous de grièves peines » la pratique de la soule, mais il n'eut aucune portée sur une race dont la fidélité à ses traditions a toujours été légendaire. Au XVIIIe siècle, la soule subsistait encore comme redevance féodale et un numéro du *Courrier Breton* [1] rappelle qu'à cette époque « les seigneurs Piquet de Montreuil du Bois Bide avaient *droit de soule*, à Saint-Aubin, et c'étaient les derniers mariés de l'année qui devaient offrir la soule au seigneur le jour de Noël. La redevance, on le voit, n'était pas ruineuse. Puis, après vêpres, le jeu de la soule se livrait dans un pré tout voisin du bourg, qui en a gardé le nom ; on l'appelle encore le pré de la Soule. Or, en 1740, dame Françoise Onffroy, veuve de Charles Piquet de Montreuil, renonça à son droit de soule, pour éviter, disent les

---

[1] *Courrier breton*, n° du 8 août 1891.

vieux grimoires, les inconvénients du jeu, tels que coups, ivro-
gneries, inimitiés et vengeances. Mais en échange elle voulut
que les derniers mariés de l'année vinssent lui offrir, à son banc
seigneurial, le jour de Noël, au lieu de la soule, « deux cierges
de cire blanche d'honneste grandeur ». On les allumait au *Magni-
ficat* et, aussitôt après, on les portait sur le grand autel où ils
brûlaient pendant le reste de l'office.

Malgré cet abandon local et quelques autres exemples de la
même sorte, la vogue de la soule continua dans nos provinces du nord et de l'ouest jusque vers 1850, époque à laquelle
elle fut délaissée brusquement pour des raisons assez impré-
cises.

Le jeu de ballon par équipes eut alors pendant trente ans une
période de sommeil dont il se réveilla vers 1880 par les tentatives
que MM. Dreyfus et O'Connor firent pour importer à Paris le
sport du Rugby qu'ils avaient pratiqué en Angleterre.

Si les premiers essais tentés par ces deux apôtres n'eurent pas
immédiatement tout le succès désirable, ils créèrent au moins
le mouvement initial qui se développa ensuite par les efforts de
MM. Carvalho et Cook. Ce dernier, élève du lycée Condorcet,
fonda, en 1884, avec un groupe de ses condisciples, le « *Lutèce
Football Club* », dont les membres se réunissaient, au bois de
Boulogne, sur la pelouse de Madrid, chaque jeudi d'abord, et,
plus tard, chaque dimanche aussi, pour disputer des parties de
football entre eux ou contre une société à peu près semblable
formée par M. Carvalho.

Malgré la disparition de ces sociétés en 1886, les idées sportives suivirent leur marche dans nos établissements scolaires,
et, au commencement de 1888, l'École Monge reprend, au
Pré-Catelan, l'exemple donné par Condorcet et décide ainsi en
partie la création de la « Ligue de l'Éducation Physique » qui
réunit aussitôt les adhésions des plus illustres personnalités

scientifiques et artistiques, ainsi que celles des maires de Paris et de toutes les grandes villes.

Aussitôt formé, le comité de la Ligue de l'Éducation physique institua, au bois de Boulogne, sur la pelouse de Madrid, une sorte d'École Normale des jeux scolaires. Une piste pour courses de bicyclettes, de tandems et de tricycles fut établie. Elle entourait une pelouse gazonnée sur laquelle on traça les limites d'un terrain de football, et dès la fin de l'année 1888, les équipes des lycées Janson-de-Sailly, Condorcet et Rollin disputèrent en cet endroit les premiers matches interscolaires.

Toutefois, ces parties n'étaient pas exactement le véritable rugby anglais.

Les promoteurs du mouvement athlétique français avaient, en effet, voulu rénover les vieux exercices nationaux sans emprunter si peu que ce fût aux règlements que l'expérience avait fait adopter à nos voisins anglais.

Le jeu de ballon pratiqué à la Ligue s'appela donc la « barrette », mais, comme le code de ce jeu était très imparfait, il fut abandonné rapidement par tous ses pratiquants qui réclamèrent ensuite une codification plus rationnelle de leur sport favori.

Cette satisfaction leur fut donnée en 1889 par une nouvelle fédération qui prit le nom d'Union des Sociétés Françaises de Sports Athlétiques. Une commission nommée par le comité de l'Union s'occupa d'abord de fournir aux joueurs de barrette un nouveau règlement traduit des règles anglaises du Rugby et ensuite d'organiser les premiers championnats interscolaires.

Trois équipes se présentèrent en 1890 pour se disputer la possession du fanion offert par l'U. S. F. S. A. au vainqueur du championnat. Dans la première rencontre, l'Association Athlétique de l'École Monge, capitaine Denis, battit, par un but à rien, la Société Athlétique du lycée Lakanal commandée par un joueur dont la carrière athlétique, exceptionnellement brillante, n'est pas encore terminée, puisque Frantz Reichel dirige encore admirablement l'excellente équipe du Sporting Club Universitaire de France.

L'Association Athlétique de l'École Monge fut finalement victorieuse dans ce premier championnat en battant, par un but et trois essais contre un essai, l'Association Athlétique de l'École Alsacienne dont le capitaine était A. Rieder.

La première traduction des règles du Rugby n'ayant pas donné, à son application, une entière satisfaction, une nouvelle commission fut nommée pour préciser les articles qui manquaient de clarté. Grâce à la compétence de MM. C. Heywood et E. de Saint-Chaffray, les règlements furent établis tels, qu'ils ne prêtèrent plus à de trop fantaisistes interprétations. Le nouveau code mis en vigueur en 1890 différait un peu des règles anglaises, surtout par la manière de compter les points, mais il avait l'avantage d'être plus simple et, partant, d'une application beaucoup plus facile que l'original.

En 1891, le football-rugby s'étendit des établissements scolaires aux sociétés athlétiques qui se formaient un peu par toute la France. Le Racing-Club de France et le Stade Français, qui avaient créé l'U. S. F. S. A., furent les premiers cercles qui constituèrent des équipes de Rugby. Le premier match qui ouvrit l'ère de la constante rivalité des deux cercles doyens se termina par la victoire du Stade Français. Ce match officieux fut remplacé l'année suivante, en 1892, par un match officiel comptant pour le premier championnat interclub organisé par l'Union. Le résultat fut cette fois favorable au Racing-Club qui, commandé par C. de Candamo, battit de justesse l'équipe du Stade Français commandée par C. Heywood.

L'année suivante, quatre équipes disputèrent au Racing-Club de France la possession du Challenge qu'il avait conquis. Le Racing et le Stade se retrouvèrent finalement en présence après

avoir battu les équipes de l'Inter-Nos, du Cercle pédestre d'As-
nières et de l'Académie Julian.

Le Stade, commandé par E. de Saint-Chaffray, devint en cette
occasion le nouveau détenteur du challenge qu'il conserva par
la suite jusqu'en 1896, où il lui fut enlevé par l'équipe d'un club
formé de joueurs dissidents du Racing-Club de France : l'Olympique.

Entre temps, les règlements français et anglais s'étaient
unifiés et il était ainsi permis d'espérer des rencontres entre
les équipes des deux nations. C'est encore au Stade Français
que revint l'honneur d'organiser la première de ces rencontres
dont nos joueurs devaient retirer tant de profit. Le 18 avril 1892,
l'équipe du Stade joua contre le Rosselyn Park de Londres. Il
ne pouvait naturellement être question de vaincre ; néanmoins,
les stadistes firent si bonne figure devant leurs adversaires beaucoup plus scientifiques, que, l'année suivante, l'U. S. F. S. A.
consentait à faire les frais de déplacement à Londres d'une
équipe formée des meilleurs joueurs du Stade et du Racing.
Donnons ici les noms de nos quinze premiers internationaux :

Arrière : Georges Duchamps (R.-C. de France) ;

Trois-quarts : Frantz Reichel (R.-C. F.), R. Ellemberger
(S. F.), Gustave Duchamps (R.-C. F.), H. Aman (S. F.) ;

Demis : D'Este (R.-C. F.), de Saint-Chaffray (S. F.) :

Avants : H. Dorlet (S. F.), G. Wiet (R.-C. F.), Sienkiewiz
(R.-C. F.), P. Garcet(S. F.), L. Dedet (S. F.), J.-S. Thorndike
(R.-C. F.), R. Bellencourt (S. F.), A. de Pallissaux (R.-C. F.).

L'équipe commandée par Frantz Reichel, disputa deux matches.
Dans le premier, joué à Richmond contre le Civil Service F. C.,
elle fut battue par un but et un essai à rien, et dans le second,
disputé à Blackheath contre le Park House F. C., elle perdit
encore par deux buts et un essai contre un essai.

Le développement du football-rugby fut, à partir de cette épo-

que, extrèmement rapide par toute la France. Dans les provinces
du Midi surtout, l'activité fut prodigieuse et des équipes se formè-
rent à Toulouse et à Bordeaux, qui purent justement prétendre à
se mesurer honorablement contre les meilleurs quinze parisiens.
Le premier véritable Championnat de France fut celui ouvert
aux équipes régionales et, dès lors, sauf en l'année 1903 où le
Stade Olympien des Étudiants de Toulouse se fit battre dans la
finale du Championnat de France, par le Stade Français, le Stade
Bordelais obligea ses rivaux parisiens à compter avec lui, le
plus souvent à leur désavantage. Ces résultats heureux pour
les Bordelais ne sont d'ailleurs que la très légitime récompense des efforts qu'ils font, d'une façon beaucoup plus sérieuse
que tous leurs rivaux, pour progresser sur tous les points
du jeu.

Les progrès réalisés par nos joueurs s'affirmèrent d'une manière très évidente par les résultats des matches qu'ils jouèrent
depuis 1900 contre les équipes anglaises. Alors qu'au début des
rencontres internationales il suffisait d'une équipe anglaise
de troisième ordre pour avoir facilement raison de nos meilleurs
quinze, quelques victoires remportées par les nôtres depuis
1900 sur des équipes bien cotées outre-Manche, firent prendre
en quelque considération le rugby français par la Rugby Union
d'Angleterre. Il résulta de cette considération que les pour-
parlers engagés par l'U. S. F. S. A., pour qu'une rencontre fût
organisée annuellement entre les quinze nationaux d'Angleterre et de France, reçurent un accueil favorable.

La première de ces très sensationnelles parties fut jouée
en 1906, et chaque année suivante les visites ont été régulièrement faites et rendues par les équipes des deux nations.

En 1908, la Welsh Rugby Union traita de la même manière
avec l'U. S. F. S. A., et cet exemple, suivi en 1909 par l'Irish
Rugby Union et par la Scottish Rugby Union, fait aux joueurs

français le très grand honneur d'être considérés comme des adversaires sérieux par ceux qui ont sur eux le bénéfice d'une pratique beaucoup plus ancienne.

Entre temps, Paris reçut la visite de deux équipes extraordinaires. En 1906 les Néo-Zélandais et en 1908 les Sud-Africains donnèrent à nos joueurs une idée des progrès qu'il leur restait à accomplir pour arriver véritablement à la maîtrise. Si éloigné que nous paraisse encore le but à atteindre, nous avons la conviction qu'il n'est pas inaccessible à nos joueurs, et nous considérons même que la voie du progrès sera d'un parcours infiniment plus agréable à ceux qui débutent dans la carrière qu'elle n'a été aux anciens qui furent trop privés et d'encouragements et de bons exemples.

RÈGLES DU FOOTBALL-RUGBY

LE CODE DU RUGBY
ET LES RÈGLEMENTS
DE L'U. S. F. S. A.

L'ÉQUIPE. — Article premier. — Le Football-Rugby est joué par deux équipes, chacune composée de 15 joueurs.

LE TERRAIN. — Art. 2. — Le terrain doit avoir la forme d'un rectangle.

Les dimensions extrêmes ne doivent pas dépasser 144 mètres de longueur *d'une ligne de ballon mort à l'autre*, sur 70 mètres de largeur *d'une ligne de touche à l'autre*, et s'en rapprocher autant que possible.

Le champ de jeu doit mesurer 100 mètres de long de but à but sur 70 mètres de large de touche à touche ; il est délimité par les lignes de touche, et par les lignes de but tracées perpendiculairement aux lignes de touche et à 50 mètres du milieu de celles-ci.

Les lignes de touche, de ballon mort, de but, des 22 mètres, et le centre du terrain, d'où doit être donné le coup d'envoi, doivent être marquées.

BUTS ET BUTS. — Art. 3. — Le but est la partie du terrain comprise entre la ligne de but, les lignes de touche, de but, et la ligne de fond, dite de ballon mort.

Sur chaque ligne de but et à égale distance des lignes de touche s'élèvent deux poteaux aussi hauts que possible, plantés à 5ᵐ,50 l'un de l'autre et reliés à 3 mètres du sol par une barre transversale. Ce sont les buts proprement dits.

A 22 mètres en arrière de chaque ligne de but et parallèlement à elle, on trace, d'une touche à l'autre, une ligne appelée ligne de ballon mort. Lorsque le ballon la touche ou la franchit, il est mort et doit être remis en jeu, soit par un coup de renvoi (art. 17), soit par une mêlée formée conformément à l'article 22.

BALLON. — Art. 4. — Le ballon doit se rapprocher autant que possible des dimensions suivantes :

Longueur	27 à 28	centimètres.
Grand périmètre	75 à 77	—
Petit périmètre	63 à 65	—
Poids	360 à 400	grammes.

CHOIX DES BUTS. — Art. 5. — Les capitaines des deux équipes tirent au sort au commencement de la partie. Le gagnant a le choix du camp ou du coup d'envoi.

DURÉE. — Art. 6. — Chaque équipe jouera de chaque côté du terrain un temps égal, fixé à l'avance. La partie est officiellement de quatre-vingts minutes.

RÉSULTAT. — Art. 7. — La victoire se décide à la majorité des points.

Le gain d'un essai vaut	3	points.
Le gain d'un but après essai vaut	2	—
Le gain d'un but sur un coup franc ou après arrêt de volée vaut	3	—
Le gain d'un but sur coup tombé en cours de partie vaut	4	—

En cas d'égalité de points, le match est déclaré nul, sauf les restrictions prévues à l'article 13 des règlements concernant l'organisation des championnats de football.

DÉFINITIONS

Art. 8. — *Coups de pied :*

Coup tombé. — Se donne en laissant tomber le ballon à terre et en le frappant avec le pied quand il rebondit.

Coup placé. — Se donne en frappant du pied le ballon qui a été préalablement *placé* sur le sol.

Coup de volée. — Se donne en laissant tomber le ballon de ses mains et en le frappant avec le pied avant qu'il n'ait touché terre.

Coup franc. — Ce coup peut être placé, tombé ou de volée, et se donne après un arrêt de volée ou certaines fautes énumérées plus loin.

Dribbler. — C'est faire avancer le ballon au moyen de petits coups de pied.

Art. 9. *Tenu.* — Il y a tenu lorsque le porteur du ballon ne peut le passer.

Art. 10. *Mêlée.* — Il y a mêlée lorsqu'un ou plusieurs joueurs de chaque camp se groupent autour du ballon à terre ou lorsqu'ils se placent en groupe dans l'attente du ballon et pour permettre qu'on le pose au milieu d'eux.

Tous les joueurs dans la mêlée doivent avoir les deux pieds sur le sol au moment où le ballon est mis à terre dans la mêlée.

Il ne peut y avoir mêlée qu'à l'intérieur du terrain de jeu.

Art. 11. *Essai.* — Un essai est gagné par le joueur qui met, le premier, la main sur le ballon en contact avec le sol dans le but ennemi.

Art. 12. *Touché.* — Est fait, lorsqu'un joueur met le premier la main sur le ballon en contact avec le sol dans son propre but.

Art. 13. *Gain d'un but.* — Pour gagner un but, il faut envoyer le ballon, par un coup tombé ou placé, directement du terrain de jeu par-dessus la barre transversale du but de l'adversaire, que le ballon en passant touche ou non cette barre ou l'un des poteaux, pourvu qu'après avoir quitté terre il ne touche au préalable ni le sol ni un joueur.

Le coup de pied placé exige que le ballon ait été placé intentionnellement pour un coup de pied.

Un but ne peut être gagné ni par un coup de volée, ni par un coup d'envoi, ni par un coup de renvoi.

Art. 14. *En avant*. — Consiste à projeter le ballon dans la direction du but ennemi, soit avec la main, soit avec le bras écarté du corps.

Rebond. — Quand le ballon frappe un joueur sur toute partie du corps, sauf les bras et les mains, et rebondit en avant.

Art. 15. *Arrêt de volée*. — A lieu quand un joueur saisit le ballon de volée, et que celui-ci provient directement de l'adversaire à la suite d'un coup de pied, d'un en avant ou d'un rebond. Le joueur fait aussitôt une marque avec son talon à la place où l'arrêt a été fait.

Si un joueur fait un arrêt de volée, il a droit à un coup franc même si un en avant ou un coup de main a été sifflé ; n'importe quel joueur de son camp peut donner le coup franc ou placer le ballon.

Art. 16. *Coup d'envoi*. — Est un coup placé, donné du centre du terrain, par lequel on met le ballon en jeu :

       1° Au commencement de la partie ;

       2° A la mi-temps, par le camp opposé à celui qui l'a mis en jeu au début de la partie ;

       3° Après le gain d'un but par le camp qui a perdu ce but.

Au moment où le coup de pied est donné :

A. Les adversaires doivent se tenir à 10 mètres du ballon. En cas d'infraction, le coup de pied pourra être recommencé.

B. Les joueurs de l'équipe qui donne le coup d'envoi ne dépasseront pas le milieu du terrain, tant que le coup de pied n'aura pas été donné. En cas d'infraction, une mêlée aura lieu au centre du terrain.

C. Les joueurs ne peuvent charger tant que le coup d'envoi n'a pas été donné.

Art. 17. *Coup de renvoi ou de 22 mètres*. — Est un coup de pied tombé, donné à moins de 22 mètres de la ligne de but de celui qui donne le coup de pied.

Le coup de renvoi a lieu :

> 1° Quand le ballon franchit la ligne de touche de but, ou celle de ballon mort ;
> 2° Après un essai non transformé en but ;
> 3° Après un « touché ».

Tant que le coup de pied n'est pas donné :

A. Tous les joueurs du camp qui donne le coup de pied doivent se tenir en arrière du ballon ; en cas d'infraction, le camp lésé pourra réclamer une mêlée au milieu de la ligne des 22 mètres.

B. Les adversaires ne peuvent avancer ni charger au delà de la ligne des 22 mètres ; en cas d'infraction, le coup de pied pourra être recommencé.

Art. 18. — Le coup d'envoi doit porter directement au moins jusqu'à 10 mètres ; celui de renvoi jusqu'à la ligne des 22 mètres. En cas d'infraction, le camp lésé pourra, ou faire recommencer le coup de pied, ou demander une mêlée.

La mêlée aura lieu, dans le premier cas, au centre du terrain, dans le deuxième, au milieu de la ligne des 22 mètres.

Si le ballon tombe directement en touche, le camp lésé pourra faire recommencer le coup de pied.

LE JEU

Art. 19. — Le jeu commencé, il est permis à tout équipier, pourvu qu'il ne soit pas hors jeu, de donner des coups de pied dans le ballon, de le ramasser et de courir avec, de le frapper ou de le passer en arrière ; mais on ne doit pas le ramasser dans les cas suivants.

Quand le ballon :

1° Est dans une mêlée ;

2° Est à terre ou a été mis à terre après un tenu (art. 9).

Quand un joueur vient à être tenu, sous peine de coup franc il doit immédiatement crier « tenu » et mettre aussitôt le ballon à terre face à la ligne de but adverse.

Art. 20. *Hors jeu*. — Tout joueur est hors jeu :

    1" S'il pénètre ou cherche à pénétrer dans une mêlée par le côté de ses adversaires ;

    2" Si, volontairement ou non, le ballon a été joué ou touché en dernier lieu, derrière lui, par un joueur de son propre camp.

N. B. — Un joueur est susceptible d'être hors jeu derrière la ligne de but adverse, mais non derrière sa propre ligne de but, sauf dans le cas d'un coup de pied franc donné par son propre camp, auquel cas il doit se tenir en arrière du ballon jusqu'au moment où le coup de pied est donné.

Un joueur hors jeu cesse de l'être :

    1° Quand un adversaire a couru 5 mètres avec le ballon ;

    2° Quand un adversaire a donné un coup de pied dans le ballon, l'a touché sans parvenir à s'en emparer ou lorsque le ballon a touché un adversaire ;

    3° Quand le joueur de son propre camp qui a joué en dernier lieu le ballon ou un joueur de son camp portant le ballon le dépasse dans la direction du but ennemi.

Un joueur hors jeu ne doit pas avancer ni gêner l'adversaire d'une façon active ou passive tant qu'il n'aura pas été remis en jeu.

Toute infraction à cette règle donne le droit au camp opposé de réclamer, soit :

A. Une mêlée au point où le ballon a été joué en dernier lieu avant l'infraction.

B. Un coup franc au point où l'infraction a été commise.

Sauf si l'infraction a été involontaire, auquel cas on formera une mêlée au point où l'infraction a été commise.

Art. 21. *En avant*. — Tout joueur en possession du ballon peut l'envoyer à un joueur de son camp, en le passant, en le jetant ou en le frappant, pourvu que le ballon ne soit pas envoyé en avant, c'est-à-dire dans la direction du but ennemi.

Dans le cas d'un « en avant », le ballon est rapporté à l'endroit où l'infraction a été faite, et une mêlée a lieu, à moins toutefois qu'un arrêt de volée ait été marqué et accordé, ou que l' « en avant » profite immédiatement à l'adversaire.

Art. 22. — Lorsqu'une équipe envoie de quelque façon que ce soit le ballon dans son propre but, puis y fait un touché, ou lui fait franchir la ligne de touche de but ou celle du ballon mort, le ballon est remis en jeu par une mêlée. Cette mêlée aura lieu à un point situé à cinq mètres de la ligne de but et sur une ligne parallèle à la touche, passant par l'endroit où le ballon a été joué en dernier lieu ; il en sera de même lorsqu'un joueur aura été tenu derrière la ligne de but.

Tout joueur a, par contre, le droit, pour défendre son but, de faire un touché dans son but, si le ballon y a été envoyé par un adversaire, et dans ce cas le ballon est remis en jeu de la ligne des 22 mètres par un coup de pied tombé.

Art. 23. *En touche.* — Le ballon est en touche :

> 1º S'il franchit la ligne de touche même en l'air ou s'il vient frapper un des poteaux de touche ;
> 2º Si le joueur qui court avec le ballon, dépasse, même d'un pied, la ligne de touche, ou touche un des poteaux limitant le terrain du jeu.

Le ballon est remis en jeu du point où il est sorti du terrain :

A. S'il a été *envoyé* en touche, par un joueur du camp opposé à celui qui l'a mis en touche ;

B. S'il a été *porté* en touche par un joueur du même camp que celui qui l'y a porté.

Dans l'un ou l'autre cas, le joueur qui remet le ballon en jeu peut :

1º Lancer le ballon dans le terrain de jeu à angle droit de la ligne de touche ;

2º Ou bien apporter le ballon dans le terrain de jeu, à angle droit de la ligne de touche et le mettre dans une mêlée formée à 10 mètres de la ligne de touche.

Dans le cas d'une remise en jeu incorrecte, le camp adverse aura le ballon qui sera joué conformément à la deuxième manière, c'est-à-dire par une mêlée à 10 mètres.

ART. 24. *Essai.* — Quand un camp a gagné un essai, un joueur de ce camp prend le ballon au point où l'essai a été marqué et, suivant une direction parallèle aux lignes de touche, l'apporte dans le terrain de jeu à telle distance qu'il juge utile et dispose le ballon pour un coup de pied placé.

Ce coup de pied est régi par l'article 26 en ce qui concerne le droit de charger, le camp défendant devant se tenir derrière sa ligne de but.

C'est affaire à l'arbitre de veiller, avant que le coup de pied ne soit donné, à ce que le ballon soit sorti parallèlement aux lignes de touche.

Après le coup de pied manqué ou une infraction, le ballon est mort et remis en jeu par un coup de renvoi donné des 22 mètres.

ART. 25. *Arrêt de volée.* — Quand un joueur réussit un arrêt de volée, il a droit à un coup franc ; n'importe quel joueur de son camp peut donner le coup franc ou placer le ballon.

ART. 26. *Coups francs.* — Tout coup de pied franc accordé doit être donné.

Les coups francs peuvent être, au choix, des coups placés, tombés, ou de volée, mais doivent être donnés dans la direction de la ligne de but.

Lorsque pour donner le coup franc, le joueur se retire derrière sa propre ligne de but, il devra faire franchir au ballon cette ligne. En cas d'infraction, le camp opposé pourra, s'il n'a pas pu jouer le ballon, faire recommencer le coup de pied.

Le coup de pied doit être donné d'un point quelconque en arrière de la marque et à même distance de la ligne de touche.

Tant que le ballon n'a pas été envoyé, les joueurs du camp qui donne le coup de pied doivent se tenir derrière le ballon. En cas d'infraction et sur la réclamation des adversaires, une mêlée sera formée au point où le joueur a fait la marque.

Les joueurs du camp opposé ne pourront dépasser cette marque. Mais ils ont le droit de charger d'un point quelconque.

(*a*) s'il s'agit d'un coup placé, aussitôt que le ballon touche terre.

(*b*) si le joueur se dispose à donner un coup tombé ou un coup de volée aussitôt qu'il prend son élan ou fait mine de frapper le ballon.

Toutefois, dans ce dernier cas (*b*), tant que le joueur n'a pas lâché le ballon, il peut toujours s'arrêter et ses adversaires devront se retirer derrière la marque.

Si les adversaires chargent avant que le ballon ait touché terre ou que le joueur ait commencé à prendre son élan, ils devront reculer de nouveau derrière la marque, et l'arbitre pourra, après réclamation, déclarer le droit de charger perdu.

PÉNALITÉS

Art. 27. *Coups francs.* — Un coup franc est accordé à l'équipe adverse quand un joueur pendant une mêlée :

1º Touche intentionnellement le ballon de la main, se laisse tomber dans la mêlée sur le ballon, ou le sort avec ses mains;

2º Portant le ballon, ne met pas immédiatement et correctement le ballon à terre quand le ballon est tenu (correctement, c'est-à-dire devant lui en faisant face à la ligne de but adverse, art. 19);

3º Étant à terre ne se relève pas immédiatement;

4º Empêche un adversaire de se relever ou de mettre le ballon à terre;

5º Contrevient à l'article relatif aux joueurs hors jeu (arrêt, charge, obstruction, illégaux);

6º Arrête un adversaire qui n'a pas le ballon;

7º Donne intentionnellement des crocs-en-jambe ou des coups de pied à ses adversaires;

8º Lorsque le ballon est volontairement placé d'une façon incorrecte dans la mêlée ou lorsqu'on l'y fait rentrer volontairement de la main ou du pied quand il est sorti;

9º Sans courir lui-même vers le ballon charge ou gêne un adversaire qui n'a pas le ballon;

10° Ne faisant pas lui-même partie d'une mêlée gêne volontairement
les demis, trois-quarts ou l'arrière adverses en se tenant en
avant de la ligne du ballon situé dans la mêlée ;

11° Empêche volontairement la mise correcte du ballon dans la
mêlée ;

12° Faisant partie d'une mêlée quitte du ou des pieds le sol avant
que le ballon ait été posé dans la mêlée ;

13° Commet volontairement et systématiquement une infraction
appelant une mêlée, ou seulement cause volontairement et
systématiquement une perte de temps inutile.

Pour tous ces coups de pied francs, le point de l'infraction est pris
comme marque et n'importe quel joueur du camp, auquel le coup de
pied est accordé, peut placer le ballon ou donner un coup de pied.

14° Lorsqu'on crie « en jeu » ou quelque chose du même genre
alors que tous les joueurs ne sont pas en jeu correctement.

ART. 28. *Interdiction.* — Il est interdit de donner volontairement
des crocs-en-jambe ou des coups de pied.

Toute infraction à ce règlement peut entrainer l'expulsion du joueur.

Il est également interdit, sous peine d'expulsion immédiate, de jouer
avec des souliers garnis de clous saillants, de plaques de fer ou de
gutta-percha ou avec des jambières garnies de bois ou de métal. Les
boucles métalliques sont également interdites.

ART. 29. *Jeu déloyal.* — Le juge-arbitre a le droit, dans le cas d'incorrection ou de jeu déloyal, d'accorder un essai, s'il pense que cet
essai aurait été inévitablement obtenu si cette incorrection n'avait pas
été commise.

Le coup d'essai se fera alors d'un point quelconque à égale distance
de la ligne de touche que le point où l'infraction a été commise.

L'arbitre peut également refuser un essai et accorder un coup de
renvoi s'il pense que cet essai n'aurait pas été obtenu sans une faute
ou un acte déloyal.

ART. 30. *Particularités.* — Si le ballon ou le porteur du ballon

viennent à toucher l'arbitre, le ballon est *mort* et une mêlée est faite
à ce point.

Si le cas se produit *en but,* il y a *essai,* si le porteur appartient au
camp attaquant ; *touché,* si le porteur appartient au camp attaqué et
enfin *coup de renvoi,* si le ballon est libre au moment où il touche
l'arbitre.

ARBITRES

Art. 31. — Pour toutes les parties, il faut un arbitre et deux juges
de touche. Pour les championnats et autres épreuves officielles de
l'Union la désignation de l'arbitre fait l'objet d'une réglementation
spéciale.

L'arbitre doit porter un sifflet dont le son arrêtera le jeu et siffler
spontanément dans les cas suivants :

1° Toute faute avantageant l'équipe qui la commet ;

2° Quand un joueur fait et marque un arrêt de volée ;

3° Quand un équipier joue d'une manière brutale ou déloyale ; il
peut la première fois ou donner un avertissement au joueur,
ou le faire sortir du terrain ; la deuxième fois, il devra le renvoyer du terrain et le traduire devant le Conseil de l'Union ;

4° Quand il accorde un but ou un essai ;

5° Quand il estime qu'il y a danger à continuer ;

6° Quand le ballon n'est pas mis correctement dans la mêlée ;

7° Quand il approuve une décision d'un juge de touche ou que le
ballon entre en touche de but ;

8° Quand il est touché par le ballon ou le porteur du ballon ;

9° Quand un joueur, n'étant pas dans la mêlée, gêne volontairement
les demis, trois-quarts ou arrière du camp opposé en se tenant
en avant de la ligne du ballon placé dans la mêlée ;

10° Quand il désire arrêter le jeu pour un motif quelconque ;

11° Toutes les fois qu'un joueur ou une équipe transgresse les règles
du jeu et tombe sous le coup d'une des pénalités de jeu prévues ;

12° A la mi-temps et à la fin de la partie.

Dans ces deux derniers cas, il doit attendre, pour donner le signal, que le ballon cesse d'être en jeu. Si un essai ou un coup franc viennent d'être obtenus, il laissera donner le coup d'essai ou le coup franc et arrêtera la partie immédiatement après.

L'arbitre est seul chronométreur et a le droit de prolonger la partie pour compenser des suspensions imprévues.

L'arbitre est seul juge des faits et sans appel. On peut en appeler, de ses interprétations de règles, au Conseil de l'Union.

Il est interdit aux joueurs de discuter les interprétations de l'arbitre.

ART. 32. *Dispositions spéciales.* — 1° Les deux capitaines conviennent en général que l'arbitre sifflera toutes les fautes, sans qu'il soit besoin de réclamer et non pas celles qui profitent immédiatement au camp adverse. Dans ce cas, l'arbitre ne doit autant que possible siffler que les fautes qui profitent au camp délinquant et non pas celles qui profitent immédiatement au camp adverse.

2° Les joueurs ne doivent tenir aucun compte des réclamations de leurs adversaires, ni s'arrêter de jouer, tant que l'arbitre n'a pas sifflé.

ART. 33. *Juges de touche.* — Les juges de touche doivent être munis de drapeaux et surveiller, sans pénétrer sur le terrain, chacun une des lignes de touche. Ils doivent lever leur drapeau au moment où le ballon entre en touche ou en touche de but et se porter rapidement à l'endroit où il a franchi la ligne. Ils doivent aussi assister l'arbitre dans les cas où l'on tente un but, chacun se tenant au pied d'un poteau de but.

ART. 34. *Infractions non prévues.* — Pour toute faute, non prévue, l'arbitre accordera une mêlée au point où l'infraction a été commise.

Mais toute faute commise « en but » donne lieu :

1° Si la faute a été commise par le camp attaquant à un coup de renvoi ;

2° Si la faute a été commise par le camp attaqué à une mêlée ; cette mêlée aura lieu à 5 mètres de la ligne de but et à égale distance de la touche que le point où l'infraction a été commise.

L'ENTRAINEMENT AU DRIBBLING. — Cet exercice est de toute nécessité car les bons résultats d'un dribbling ne peuvent être acquis que par une action collective.

ATTAQUE PAR DRIBBLING. — Le dribbleur ne doit pas obliquer dans sa course pour éviter un adversaire. Cette manœuvre aurait pour fâcheuse conséquence de désorganiser la ligne d'attaque et de conduire le ballon vers la touche.

DISPOSITIONS GÉNÉRALES

Dimensions du terrain. — C'est à l'équipe qui vient jouer sur le terrain de ses adversaires de veiller à ce que le terrain soit de la grandeur stipulée et les lignes bien marquées et visibles.

Une fois la partie commencée, aucune réclamation ne peut être admise à ce sujet.

Toutes les limites du terrain doivent être ostensiblement marquées ainsi que les lignes de milieu, des 22 mètres, et de ballon mort (à moins que d'autres limites n'indiquent ces dernières). Le terrain étant ainsi marqué, il n'est pas nécessaire d'avoir des drapeaux aux lignes de milieu et des 22 mètres. Ils doivent, en tout cas, être plantés bien en arrière des lignes de touche, mais on doit se servir de drapeaux à la jonction des lignes de but avec les lignes de touche ; si un joueur portant le ballon touche un de ces drapeaux, le ballon est en touche de but.

Un joueur en touche de but peut jouer le ballon avec son pied ou le faire « toucher » pourvu que le ballon ne soit pas, lui, en touche de but.

Arrêt de volée. — Ne peut être réclamé que si un joueur fait sa marque *après* avoir attrapé le ballon. Toutefois la marque doit être faite *aussi vite que possible* après que le ballon a été attrapé ; l'arbitre peut toutefois accorder un arrêt de volée quand la marque a été faite simultanément avec l'arrêt du ballon. Un arrêt de volée peut être fait par un joueur dans son propre « but ».

Coup de renvoi. — Si un joueur dépasse la ligne des 22 mètres pour donner un coup de renvoi ou s'il le donne par un coup de volée au lieu d'un coup tombé, l'arbitre doit siffler et faire recommencer le coup de pied en deçà de la ligne de 22 mètres.

De l'arbitrage. — L'arbitre ne doit pas siffler simplement parce qu'un joueur est tenu *avec le ballon*, et ceci est un point très important sur lequel l'attention des joueurs et des arbitres doit être attirée ; l'habitude de siffler aussitôt qu'un joueur est tenu trouble le jeu en le ralentissant et détruit l'avantage qui serait gagné par une équipe suivant bien le ballon.

Le cri « tenu ! » n'est qu'un avertissement officieux aux adversaires. L'arbitre n'a à le souligner qu'au cas où les adversaires ne se rendent pas immédiatement à l'invitation de celui qui a crié « tenu ! » Le coup de sifflet entraîne alors un coup franc.

Le ballon tenu franchement, l'arbitre doit le siffler dans les cas suivants :

 1° Si le joueur tenu ne met pas tout de suite le ballon à terre.

 2° Si le joueur étant à terre ne *lâche pas tout de suite* le ballon et ne se lève pas ou ne s'éloigne pas du ballon en se roulant à terre ;

 3° Si un adversaire l'empêche de mettre le ballon à terre ou de se relever ;

 4° Quand l'arbitre pense que la continuation du jeu pourrait être dangereuse.

Ce dernier point est laissé entièrement à la décision de l'arbitre, il est toutefois bon de remarquer que si le joueur « tenu » suivait les règles dans leur juste signification et se séparait du ballon immédiatement et loyalement, il y aurait très peu de danger. Quand un joueur s'entête à tenir le ballon, il peut devenir une cause de danger et l'arbitre doit, dans ce cas-là, lui infliger une pénalité en accordant un coup franc à l'équipe adverse, au lieu de simplement faire former une mêlée ; dans cette circonstance, une mêlée enlève l'avantage à une équipe et n'inflige pas de pénalité à l'autre.

Si un joueur est blessé, l'arbitre doit siffler seulement lorsque le ballon est hors de jeu à moins que le joueur soit dans une position telle que la prolongation du jeu augmente le danger.

Une décision donnée par l'arbitre est irrévocable et définitive ; il peut toutefois consulter les arbitres de touche et de touche de but et demander leur assistance pour les essais de but.

Dans toutes les circonstances le sifflet de l'arbitre doit arrêter le jeu, même s'il a été sifflé par mégarde.

L'estimation de l'arbitre au sujet de la durée du jeu est sans appel même s'il s'est laissé aller à quelque négligence.

L'arbitre ne doit en aucune façon consulter un spectateur, à moins toutefois que sa montre ne soit arrêtée ; il aura alors, en premier lieu, recours aux arbitres de touche.

L'arbitre doit d'une façon générale être pour la plus forte pénalité et accorder un coup franc au cas où il pense qu'un arrêt de volée aurait été fait sans la proximité à moins de 5 mètres d'un joueur hors jeu.

L'arbitre laisse en effet trop souvent bénéficier les joueurs d'un hors jeu même involontaire au lieu d'accorder un coup franc à leurs adversaires.

En cas d'essais de but et de coups de pied francs, n'importe quel joueur peut placer le ballon ou donner le coup de pied ; dans le cas d'arrêt de volée, le joueur qui fait arrêt peut seul placer le ballon ou bien donner un coup de pied tombé ou de volée.

Des joueurs attendant pour charger quand un coup de pied va être donné pour un essai de but, un arrêt de volée ou pour un coup franc, doivent rester en arrière de la ligne de but ou de la marque. Si un ou plusieurs mettent un pied en avant de la ligne de but ou de la marque, la charge est comptée comme ayant été faite, l'arbitre siffle et le droit de charger est perdu.

L'arbitre doit empêcher aussi de passer insensiblement et graduellement une marque : fait qui sera considéré comme une charge.

Un joueur en train de placer le ballon ne doit pas volontairement faire croire à ses adversaires qu'il a placé le ballon à terre, s'il le fait, la charge devra être recommencée. Même lorsqu'une charge a été interdite, les joueurs du camp pénalisé peuvent sauter en l'air et essayer de toucher le ballon pourvu qu'ils demeurent en arrière de la marque ; le but n'est pas accordé si le ballon a été ainsi touché. Si l'arbitre siffle pour interdire une charge juste au moment où le joueur donne le coup de pied, ce joueur n'est pas obligé de donner un nouveau coup de pied, il aura seulement la faculté de le faire (c'est-à-dire que s'il a obtenu un but, il pourra le garder).

Les joueurs du camp qui a perdu l'essai doivent *revenir aussi vite que possible* derrière leur ligne de but. Mais le camp qui donne le coup de pied, ne peut, pour demander qu'on interdise la charge, arguer de ce fait que tous les joueurs ne sont pas encore rentrés. L'arbitre interviendra pour que la perte de temps soit la moindre possible.

Un joueur peut être en touche et malgré cela jouer le ballon si celui-ci n'est pas en touche. Un ballon qui est allé en touche et que le vent aura ramené en jeu sera considéré comme étant en touche.

Le ballon qui, sur un coup d'envoi atteint 10 mètres et est renvoyé ensuite par le vent doit être considéré comme étant en jeu ; de même un ballon ayant atteint la ligne des 22 mètres dans un coup de renvoi.

Il y a but si le ballon après être passé par-dessus la barre transversale est ensuite renvoyé par le vent.

Si une équipe en mêlée, près de sa propre ligne de but, talonne le ballon pour lui faire franchir cette ligne, l'arbitre doit appliquer la pénalité de la rentrée volontaire.

Le joueur qui donne le coup de pied au ballon et celui qui le place devront être deux personnes distinctes, le joueur qui donne le coup de pied ne peut donc, dans aucun cas, toucher le ballon une fois qu'il est sur le sol, même si la charge a été interdite.

Dans le cas d'une discussion relative à un essai et s'il doit être fait appel à l'Union, il est recommandé aux arbitres de faire tenter le but de sorte que si l'Union confirme l'essai, les points de but puissent s'ajouter à ceux de l'essai.

Lorsqu'un joueur sera blessé, le jeu ne doit pas être interrompu plus de trois minutes.

Après un essai, le ballon peut être passé de mains en mains jusqu'à celui qui le placera pour le coup de pied, mais à condition qu'il ne touche pas terre dans le champ du jeu.

RÈGLEMENT DES ÉPREUVES OFFICIELLES Tous les matches du rugby joués en France doivent être disputés sous les règlements de l'Union des Sociétés Françaises de Sports Athlétiques, qu'il s'agisse de matches de championnats, de parties d'entraînement, de matches nationaux ou internationaux.

Des championnats et challenges officiels. — L'Union reconnait et organise les épreuves suivantes de rugby :

Le championnat de France (équipes premières) de 1re série ; équipes secondes de 1re série (Prix Jean Borie); équipes troisièmes de 1re série (Coupe Marguerite) ; équipes quatrièmes de 1re série (Challenges Rodocanachi) ; le championnat de France (équipes premières) de 2e série (Coupe Brennus) ; le championnat scolaire, le championnat militaire.

L'Union connaît aussi des championnats régionaux comptant pour le championnat de France et des challenges régionaux créés par les comités régionaux au bénéfice des comités régionaux.

Les championnats de France sont disputés chaque année entre les équipes victorieuses des divers championnats régionaux suivant une division établie annuellement par la Commission centrale.

Des engagements. — Les Sociétés qui veulent prendre part au championnat, doivent s'inscrire dans leur Comité régional et dans les délais impartis. Leur engagement doit être accompagné du droit d'entrée fixe. Tout engagement envoyé trop tard ou non accompagné du droit d'entrée est nul.

Des qualifications. — Les qualifications sont soumises aux art. 116 et suivants fixant les conditions générales à remplir pour être qualifié à prendre part aux épreuves officielles de l'Union.

Durée des matches. — La durée de tout match de championnat est de une heure vingt minutes, soit quarante minutes de chaque côté. Pour les championnats se disputant par éliminatoires, en cas de match nul après ces délais, l'arbitre devra, après un repos de cinq minutes, prolonger la partie de vingt minutes, dix minutes de chaque côté ; cette prolongation n'ayant pas donné de résultat. après un nouveau repos de cinq minutes, il y a lieu à une seconde prolongation de vingt minutes, dix minutes de chaque côté.

L'équipe refusant de continuer sera déclarée battue.

Toutefois si après les deux prolongations de vingt minutes il y a encore match nul, le match sera renvoyé à une date ultérieure et se jouera, sauf entente et approbation de la Commission, sur le terrain du club qui se sera déplacé la première fois.

Si dans cette seconde rencontre le match était encore nul, la troisième partie se jouerait sur un terrain neutre désigné par la Commission.

Il en sera de même si le match a été interrompu.

Chaque équipe doit se présenter sur le terrain avec un ballon en bon état ; l'arbitre désigne le ballon qui servira en premier lieu.

Réclamations. — Les dispositions des articles des règlements généraux relatifs aux réclamations sont appliquées.

Le Classement. — Dans les championnats disputés en poules une liste de classement est établie dans laquelle les clubs sont rangés suivant le nombre total de points par eux obtenus dans toutes les parties du championnat.

Le calcul des points se fait de la manière suivante :

Une partie gagnée vaut 3 points pour le vainqueur. Un match nul, 2 points pour chacun des adversaires. Un match perdu, 1 point; un forfait, 0 point.

En cas d'égalité de points, les équipes restant en présence rejouent entre elles.

Règlement des Championnats de France d'équipes secondes (prix Jean Borie), troisièmes (coupe Marguerite) et quatrièmes (challenge Rodochanachi).

GÉNÉRALITÉS

Article premier. — Il est fondé trois challenges annuels tenant lieu de championnats des équipes deuxièmes, troisièmes et quatrièmes. Ces challenges, fondés par le Stade Français, prennent respectivement les noms de Prix Jean Borie, Coupe Marguerite et Challenge Rodochanachi, suivant le désir exprimé par les donateurs.

Art. 2. — La Commission de Rugby de l'U. S. F. S. A. est chargée de l'organisation de ces trois challenges.

QUALIFICATIONS

Art. 3. *Equipes*. — Ces Challenges sont ouverts chaque année : le Prix Jean Boric aux équipes deuxièmes, la Coupe Marguerite aux équipes troisièmes, le Challenge Rodochanachi aux équipes quatrièmes des clubs prenant une part effective aux championnats de France.

Art. 4. *Joueurs*. — Les règlements généraux de l'U. S. F. S. A. concernant la qualification des joueurs sont appliqués.

Art. 5. — Est qualifié pour un match de ces championnats régionaux tout joueur d'équipe deuxième, troisième et quatrième n'ayant pas joué plus d'une fois une partie de championnat dans une équipe supérieure à celle dont il fait partie, quand ces matches régionaux se joueront par poule. Quand les matches régionaux se joueront par éliminatoires, une seule partie jouée par un équipier le disqualifiera pour les équipes inférieures.

Pour les championnats interrégionaux, les qualifications seront celles des championnats régionaux.

Art. 6. — Dans aucun cas un joueur ne peut, le même jour, jouer plus d'un match pour son club, sauf remise du match pour cas de force majeure.

ORGANISATIONS. — MODE DE JEU

Art. 7. — Le Prix Jean Borie, la Coupe Marguerite, le Challenge Rodochanachi sont disputés conformément aux règlements généraux de football.

Art. 8. — *a*) Chaque Comité régional peut répartir, s'il y a lieu, les équipes engagées en catégories. Cette répartition est faite en conformité avec celle qui est établie pour les équipes premières.

La catégorie d'une équipe deuxième, d'une équipe troisième et d'une équipe quatrième dépend de la catégorie de l'équipe première.

b) Chaque Comité régional peut faire disputer les trois challenges soit par élimination, soit par poule.

c) Deux équipes deuxièmes, troisièmes ou quatrièmes de la même région doivent se rencontrer à la même date et à la même heure que le font leurs équipes premières dans le championnat régional.

En cas de force majeure, les matches peuvent se disputer successivement, sous la réserve de l'article 6 du présent règlement.

Sauf entente, dont la Commission de Rugby de l'Union ou le Comité régional, suivant le cas, doit être expressément averti, les matches des équipes deuxièmes et quatrièmes ont lieu sur le terrain du club dont l'équipe première s'est déplacée, les équipes troisièmes jouant sur le même terrain que les équipes premières.

ART. 9. — Le calendrier des trois challenges est le même que celui du championnat de France.

ART. 10. — Entre les diverses équipes tenant la tête du classement de leur région, on procède par élimination.

La Commission de Rugby de l'Union a tout pouvoir pour désigner l'endroit où se disputent ces matches.

DIVERS

ART. 11. — L'équipe victorieuse a la garde du challenge pendant un an et son nom y est gravé.

Toute Société ayant la garde du challenge et qui viendrait à cesser de faire partie de l'U. S. F. S. A. doit immédiatement renvoyer le challenge au siège de l'Union.

ART. 12. — Les présents règlements sont revus chaque année par la Commission de Rugby de l'U. S. F. S. A. et soumis à l'agrément du Conseil de l'Union.

LE TERRAIN DE RUGBY

LE TERRAIN
LES ÉQUIPES

Les limites du terrain de jeu, tracées sur un sol gazonné, doivent, réglementairement, dessiner, d'une façon très apparente, un rectangle de 144 mètres de longueur sur 70 mètres de largeur.

Cet espace est ensuite divisé, avec la même netteté, ainsi que le montre la figure n° 1.

Les divisions A et B constituent les camps des deux équipes ; c'est entre les limites de ces camps que sont marqués les essais.

Sur la ligne de but de chaque camp et à égale distance des lignes de touche, on dresse deux poteaux aussi hauts que possible. Ces deux poteaux espacés de 5ᵐ,50 sont reliés à 3 mètres du sol par une barre en bois assez épaisse pour former avec les poteaux qui la surmontent une silhouette très accusée.

Le meilleur terrain de football est un espace régulièrement limité et divisé sur un gazon ras et fourni recouvrant un sol plan et perméable à l'eau. Il est possible d'améliorer suffisamment un terrain trop argileux en le sablant à différentes reprises dans des proportions convenables.

Pour améliorer un terrain et le conserver en bon état, il

est nécessaire de s'adresser à des personnes expérimentées et consciencieuses ; on ne paiera jamais ainsi trop cher le surplus d'agrément que l'on trouvera dans la pratique du jeu.

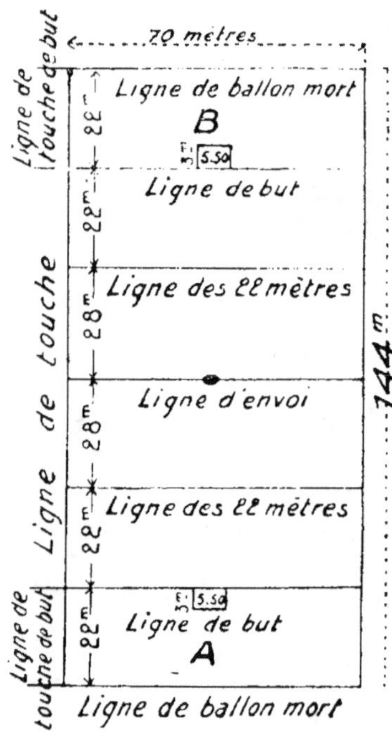

Fig. 1. — Divisions du terrain. Les deux divisions A et B marquent les camps des deux équipes.

LES ÉQUIPES La partie est disputée entre deux équipes de quinze hommes.

Chaque équipe est, le plus souvent, ordonnée de la façon suivante :

Huit avants ;
Deux demis ;
Quatre trois-quarts;
Un arrière.

Cette formation d'origine galloise, généralement adoptée depuis une quinzaine d'année, semblait définitive lorsque les joueurs de la Nouvelle-Zélande révélèrent à leurs adversaires européens une disposition nouvelle des lignes de l'équipe qu'ils présentent ainsi :

Sept avants ;
Un ailier ;
Un demi ;
Deux cinq-huitièmes ;

Trois trois-quarts ;
Un arrière.

La série presque ininterrompue des succès remportés par les coloniaux sur les meilleurs quinze du Royaume-Uni et sur l'équipe nationale française, aurait démontré la supériorité de leur méthode d'une façon incontestable, si la moyenne des qualités athlétiques de leurs représentants n'avait pas été beaucoup plus élevée que celle de leurs adversaires.

Fig. 2.

Disposition Zélandaise.   Disposition ordinaire.

Cette constatation, trop souvent évidente, eut pour résultat de prolonger la durée de l'ancienne méthode galloise qui, pour offrir moins de ressources dans l'attaque, présente sur sa rivale le sérieux avantage d'une mise en pratique beaucoup plus simple.

Une étude sérieuse des deux méthodes nécessite deux volumes : nous nous bornerons dans celui-ci à examiner la disposition galloise qui réunit encore le plus grand nombre de pratiquants.

LE CHOIX DES ÉQUIPIERS Chacune des lignes de l'équipe ayant, pendant presque toute la partie, à jouer un rôle spécial, il est naturellement nécessaire que le capitaine choisisse ses joueurs, d'après leurs qualités physiques, de telle façon qu'il assure à chaque ligne la plus grande homogénéité possible.

Ce choix, toujours très délicat à faire, est ordinairement basé sur les données suivantes :

AVANTS . . . . { Taille, poids et vigueur au-dessus de la moyenne.

DEMIS . . . . . { Taille moyenne. / Rapidité de décision. / Rapidité de mouvements. / Souplesse.

TROIS-QUARTS { Vitesse au-dessus de la moyenne. / Vigueur. / Souplesse.

ARRIÈRE . . . { Rapidité. / Vigueur.

Il est d'autres qualités nécessaires à toutes les places et qu'un capitaine est en droit d'exiger de tous ses hommes, puisqu'il dépend en effet de chaque joueur de posséder, à un degré suffisant, soit par la volonté, soit par l'entraînement : l'énergie, la clairvoyance, l'endurance et l'adresse.

Ayant ainsi composé théoriquement son équipe, le capitaine y apportera par la suite les remaniements que lui conseillera la pratique. Toutefois, la formation définitive peut et doit être rapidement faite, dans l'intérêt prédominant du travail d'ensemble.

LE MANIEMENT DU BALLON

LE MANIEMENT
LES COUPS DE PIED
DRIBBLING-PASSE
FEINTE - ARRÊT

L E jeu consiste à porter ou à conduire le ballon dans le camp adverse, et, inversement, à défendre son camp contre les entreprises des adversaires ; sa codification a défini tous les procédés qui peuvent convenir à l'attaque et à la défense.

Les multiples combinaisons de ces procédés constituant la tactique du football rugby, il est absolument nécessaire à tout joueur désireux de tenir sa place dans une équipe scientifique, de connaître et d'exécuter parfaitement chacun des mouvements auxquels il est autorisé par les règlements.

Un bon joueur devra donc :

1° *Être adroit à manier le ballon ;*

2° *Donner de bons coups de pied : de volée, tombés et placés ;*

3° *Bien dribbler ;*

4° *Donner et recevoir une bonne passe ;*

5° *Savoir feinter ;*

6° *Arrêter avec certitude un adversaire et un dribbling.*

Il est certain que c'est surtout en pratiquant que l'on progresse sur tous ces points, mais beaucoup de joueurs, et pas

seulement des novices, pourront très utilement profiter des
conseils qui accompagnent l'étude que nous exposons, de chacun des procédés que nous avons énumérés.

LE MANIEMENT La façon de jouer le ballon avec les mains
DU BALLON étant la caractéristique du rugby, il est
étonnant que la plupart des joueurs donnent
une grande impression de gaucherie lorsqu'il leur arrive
d'avoir à manier le ballon. Leur défaut, qui est presque toujours de travailler des bras avec raideur, ne résiste pas à l'entraînement. Les maladroits auront surtout à développer la souplesse des articulations des poignets qui jouent le plus grand
rôle dans l'acte de recevoir ou de donner le ballon. Cet acte
très fréquemment répété, en faisant travailler les avant-bras
et surtout les poignets, familiarisera, si l'on peut dire, rapidement les mains des joueurs avec la forme et le poids du ballon
qu'ils manieront ensuite avec une aisance et une certitude absolument instinctives.

Les joueurs doivent constamment travailler à développer leur
habileté manuelle. Cette qualité est absolument indispensable
à chacune des individualités d'une bonne équipe, les actes
d'un seul maladroit réduisant à néant les meilleures combinaisons de quatorze excellents joueurs. Il est bon d'insister sur ce
fait que l'entraînement manuel doit être poussé le plus loin possible : chaque joueur doit être ordinairement capable de recevoir
le ballon à coup sûr, soit de pied ferme, soit en courant, et qu'il
lui parvienne d'une passe ou d'un coup de pied. Il doit même,
quand il est en pleine course, pouvoir le ramasser sur le sol et,
en résumé, être à peu près capable de jongler avec son ballon.

L'entrainement, répétons-le, donne sur ce point les résultats
les plus inespérés. Par lui, la raideur cause de tout le mal disparaît et tel joueur qui, à ses débuts, était raillé pour sa gau-

cherie, en arrive à faire admirer la souplesse et la sûreté de ses mouvements. Les maladroits invétérés sont donc tout à fait inexcusables et l'on doit conseiller : 1° à un capitaine, ambitieux de faire pratiquer un jeu d'ensemble agréablement efficace, de les exclure rigoureusement de son équipe ; 2° à eux-mêmes de chercher une distraction autre part que dans la pratique d'un sport où ils se rendent parfaitement ridicules.

L'ARRÊT DE VOLÉE Le joueur adroit de ses mains aura bien des fois l'occasion de faire bénéficier son équipe du coup franc qui récompense l'arrêt de volée, lequel consiste à recevoir et à garder entre les mains le ballon qui provient directement d'un coup de pied ou d'un « en avant » des adversaires. Les règlements expliquent, d'autre part, que l'arrêt de volée doit être fait de pied ferme. C'est dire que le joueur qui l'exécute ne doit pas se déplacer au moment précis où il reçoit le ballon ; il devra donc, s'il a été obligé de courir pour parvenir au point de chute, arrêter net sa course à l'instant où le ballon lui parvient. C'est pour mettre en évidence cette attitude que les règlements prescrivent à l'arrêteur de placer devant lui une de ses jambes de telle sorte que le talon soit la seule partie du pied en contact avec le sol. Le mot « marque » n'a d'autre raison d'être prononcé par l'arrêteur que pour avertir l'arbitre qu'il lui réclame le bénéfice de son acte.

Le coup de sifflet de l'arbitre pouvant seul arrêter immédiatement l'action des adversaires qui s'apprêtaient à charger le joueur en possession du ballon, il est, en conséquence, utile de recommander à ce joueur de réclamer sa marque d'une voix assez claire et à ses adversaires de persister dans leur offensive jusqu'au signal de l'arbitre.

La réussite d'un arrêt de volée exige, de la part d'un joueur, un sentiment de la distance qui le détermine à se placer exactement au point de chute du ballon et assez de sang-froid pour qu'il reste maître de ses mouvements et de son attention, que l'action offensive des adversaires ne doit à aucun moment détourner de la trajectoire du ballon.

La meilleure façon de recevoir le ballon est de l'accueillir entre les avant-bras et la partie inférieure du torse au-dessous des pectoraux ; plus haut il pourrait rebondir sur la poitrine et échapper à la prise des mains qui doivent se rabattre naturellement pour retenir le ballon sur le corps plutôt que pour être les premières à le saisir. Il est facile de comprendre, en effet, que, par la vitesse de sa chute et par le fait qu'il est souvent rendu glissant par l'humidité, le ballon peut plus facilement échapper à la seule prise des mains qu'à leur action combinée avec celle du corps et des avant-bras. Il faut avoir soin, en outre, de ne pas écarter les coudes du corps ; en agissant autrement les avant-bras ne joueraient plus leur rôle et un ballon glissant trouverait très facilement entre eux l'issue de sa prison.

Il est surtout avantageux de marquer l'arrêt de volée dans les phases de la partie où l'on est pressé par les adversaires.

Si la marque est faite à un endroit du terrain favorable à l'essai d'un but, il faut tenter la chance de tirer le meilleur parti possible de l'arrêt de volée. Le coup franc est alors donné, à la volonté des bénéficiaires, soit par un coup de pied tombé, soit par un coup de pied placé, comme il est expliqué plus loin dans les chapitres qui traitent de ces deux procédés.

Si une équipe bénéficie d'un arrêt de volée alors que son camp est menacé par les adversaires, elle peut gagner du terrain en confiant le soin d'envoyer le ballon en touche, par un coup de pied de volée, à son équipier le plus qualifié pour cela.

Il n'est pas toujours opportun de marquer un arrêt de volée. Le simple bon sens déterminera le joueur, à ne pas réclamer la

Mauvais Arrêt du dribbling — Le joueur qui, pour arrêter un dribbling, place son corps comme l'indique cette figure, s'expose à recevoir le pied de son adversaire dans le visage.

Passe au pied des avants. — Si les adversaires s'opposent au dribbling et que le joueur qui conduit le ballon soit menacé dans son dribbling, il doit se débarrasser du ballon.

L'entrainement a la passe. — La passe au rugby peut être faite avec les mains. C'est un procédé d'attaque qui aura mathématiquement raison de la meilleure défense.

marque s'il trouve plus avantageux de jouer immédiatement le ballon

LE COUP DE PIED DE VOLÉE Entre les différentes sortes de coups de pied, celui dit « de volée » est le plus fréquemment employé. Dans le cours d'une partie chacun des joueurs peut trouver l'occasion de se servir utilement de ce procédé. Il est donc nécessaire, à chaque équipier, quel que soit son rôle, de s'entraîner à bien donner des coups de pied de volée et, pour cela, il peut s'inspirer des conseils suivants :

1° Tenir le ballon à deux mains de telle façon que son grand axe soit parallèle à la direction des bras étendus obliquement vers le sol.

2° Donner au coup le maximum de la force en facilitant l'ampleur du mouvement de la jambe par le déplacement, en avant et en arrière de la partie supérieure du corps.

3° Laisser tomber le ballon naturellement, c'est-à-dire sans qu'il dévie, sur la partie du soulier qui recouvre le cou-de-pied.

Il importe maintenant de dire que la qualité essentielle au coup de pied est : la précision, c'est-à-dire la connaissance que le joueur a de la direction qu'il a donnée au ballon en le frappant.

Il est absolument nécessaire d'insister fortement sur ce point car beaucoup de joueurs, encouragés d'ailleurs par l'enthousiasme ignorant du public, sont enclins à tirer vanité de l'immense trajectoire qu'ils font ordinairement suivre au ballon sans se soucier le moins du monde du point de sa chute.

Les conséquences d'une telle façon de procéder sont toujours très fâcheuses. Les moindres sont d'exténuer les partenaires des fautifs en les forçant à courir le plus vite possible pour arriver devant un adversaire lequel, ayant déjà reçu le ballon, le retournera par un autre coup de pied, pour le plus grand déplaisir des suiveurs qui, toujours aux allures rapides, devront repartir dans une autre direction. Il est facile de concevoir que, si deux ou trois joueurs d'une équipe causent, en toute occasion, un pareil surmenage à leurs partenaires, ces derniers, quel que soit leur entraînement, ne tiendront pas une mi-temps et laisseront par la suite les adversaires absolument maîtres du jeu.

Une autre conséquence plus directe de cette stupide façon de jouer est d'adresser le ballon à un adversaire placé à tel endroit du terrain où il ne trouvera personne pour s'opposer à sa course en droite ligne vers le but qu'il attaque. Rien n'est plus désagréable que de voir marquer de la sorte un essai contre son équipe, et un bon capitaine doit nécessairement éliminer les joueurs incorrigibles sur ce point.

Il faut donc s'exercer à donner le plus de précision possible au coup de pied. L'entraînement amènera assez rapidement ce résultat à condition toutefois de tenir compte de la troisième remarque faite au commencement de ce chapitre, c'est-à-dire de bien veiller à ce que le ballon soit attaqué par le coup de pied dans la même position qu'il occupait entre les mains et surtout, en se fixant toujours un but que devra atteindre le ballon. La façon de s'entraîner la plus pratique est d'envoyer le ballon à un partenaire qui le retournera de la même façon ; un tel exercice donnera à la fois la précision au coup de pied et l'adresse à recevoir le ballon de volée.

Quand un joueur est suffisamment adroit à donner un coup de pied précis sur place, il lui reste à s'exercer à pratiquer le même coup en courant, mais sans négliger aucune des observations faites ci-dessus.

Le joueur qui aura consciencieusement et fréquemment mis en pratique les conseils que nous avons donnés, obtiendra certainement une assez grande adresse des pieds pour envoyer, presque instinctivement, de pied ferme, à toutes les allures et, s'il le faut, dans une direction perpendiculaire à celle de sa course, le ballon, à l'endroit voulu, avec une précision étonnante pour les non initiés.

Comme celui qui peut se servir également de chacune de ses jambes pour donner un coup de pied précis a le grand avantage de jouer le ballon de cette façon dans presque toutes les positions et plus rapidement qu'un autre, et que cette ressource est extrêmement précieuse pour les déplacements de jeux dont il sera traité plus loin, les joueurs consciencieux feront également travailler leurs deux jambes.

Les difficultés sont bien moindres qu'on ne le croit généralement, nos membres inférieurs se prêtant infiniment mieux à un même usage que nos membres supérieurs.

LE COUP DE PIED TOMBÉ Le coup de pied tombé se donne en frappant le ballon à l'instant de son premier rebond sur le terrain. Plus difficile à donner que le coup de pied de volée, il est aussi d'un emploi plus rare mais il a l'avantage, s'il réunit certaines conditions définies par les règlements que nous donnons d'autre part, de faire obtenir des points à l'équipe du joueur qui l'a réussi. En outre, comme les mêmes règlements le rendent obligatoire à une certaine phase de la partie, et que dans ce cas, comme nous le verrons plus loin, on peut gagner considérablement de terrain par sa bonne exécution, son étude pratique ne doit pas non plus être négligée.

Comme pour le coup de pied de volée, il importe avant tout de bien assurer la position du ballon dans les mains et de ne le laisser tomber que le plus près possible du sol qu'il touchera de la sorte assez bien équilibré pour présenter, à son rebond, l'extrémité de son grand axe à la partie supérieure du pied.

Cette manière d'attaquer le ballon exige un entraînement très long étant donnée la précision du point de contact; aussi ne faut-il pas se décourager par les insuccès des premières tentatives.

Il est nécessaire de s'entraîner à donner des coups de pied tombés en courant à toutes les allures pour pouvoir, à l'occasion, terminer une course devant la défense adverse en essayant, avec des chances de succès, de faire passer réglementairement le ballon entre les poteaux du but que l'on attaque. C'est surtout en pareil cas qu'un joueur s'aperçoit qu'il n'a pas perdu son temps en exerçant chacune de ses jambes à donner les mêmes bons coups de pied.

LE COUP DE PIED PLACÉ   L'objectif du joueur qui donne un coup de pied placé est de faire passer le ballon au-dessus de la barre qui relie les poteaux des adversaires.

Ce coup de pied est donné : soit après la marque d'un essai, par un équipier quelconque du camp qui l'a réussi, soit sur une décision de l'arbitre qui en fait bénéficier une équipe en réparation d'une faute commise par ses adversaires et comprise dans celles ainsi pénalisées par les règlements, soit encore après la réussite d'un arrêt de volée. Le coup de pied placé nécessite l'action de deux hommes : le frappeur et le placeur dont nous définirons plus loin les rôles.

Les règlements indiquent que le coup de pied placé qui résulte d'un essai doit être donné à un endroit du terrain situé dans le champ de jeu, sur une parallèle à la ligne de touche tracée de l'endroit où a été marqué l'essai. Pourvu que cette condition soit observée, il est permis aux bénéficiaires de placer le bal-

lon à la distance qu'ils jugent convenable des buts de leurs
adversaires.

Cette disposition facultative est très importante car elle facilite
la tâche du donneur de coup de pied en lui permettant de choisir
sa place de telle sorte que la bonne trajectoire du ballon ait
le plus d'espace possible.

Pour que cet espace soit suffisant il faut, en tenant compte
naturellement de la force à donner au coup de pied, placer le

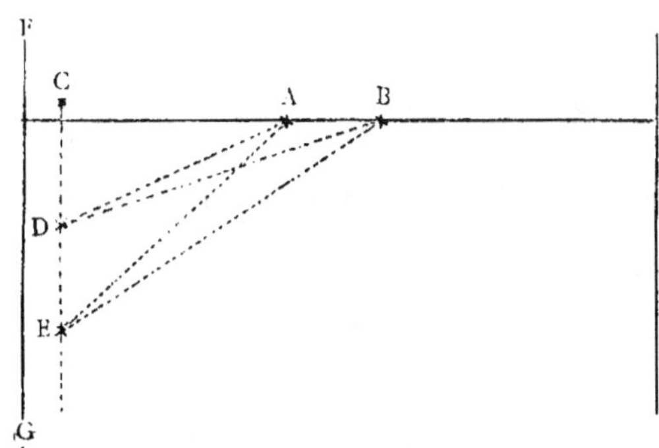

Fig. 3. — Choix de l'angle
de tir : D et E deux po-
sitions pour le coup de
pied placé.

ballon à un point d'autant plus éloigné des buts que l'essai a été
marqué plus près de la ligne de touche.

Le donneur du coup de pied doit également élargir son champ
de tir s'il juge que la force et la direction du vent peuvent nuire
à la précision de la trajectoire du ballon.

Ces conditions théoriques observées, étudions le coup pratiquement :

On peut affirmer, en premier lieu, que la réussite d'un
coup de pied placé dépend surtout de la position que présente le ballon à l'attaque du pied. Cette position est détermi-
née par la distance à faire parcourir au ballon et par la direction du vent.

En principe, il est certain que plus on incline vers le sol le grand axe du ballon avant le coup, plus, par la suite, sa trajectoire est longue et tendue ; en conséquence ce grand axe, presque parallèle au sol pour le plus long coup de pied à donner,

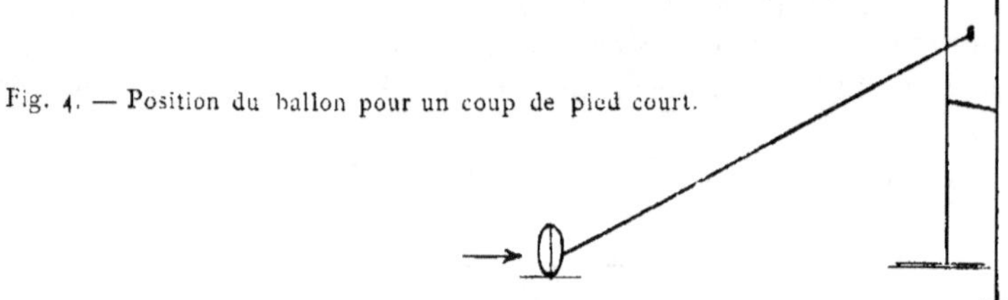

Fig. 4. — Position du ballon pour un coup de pied court.

sera redressé jusqu'à devenir vertical pour les coups les plus rapprochés (fig. 4 et 5).

On peut encore donner une très bonne position à un ballon rendu très glissant par la boue, en le plaçant de telle façon que

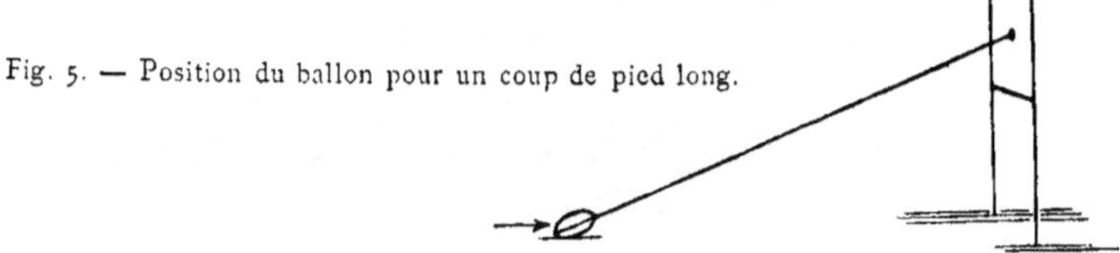

Fig. 5. — Position du ballon pour un coup de pied long.

son grand axe se présente horizontalement au joueur qui tente le but (fig. 6).

On tient compte de la direction du vent en dirigeant le grand axe du ballon à droite ou à gauche des buts que l'on vise, suivant que le vent peut faire dévier la trajectoire vers la gauche ou vers la droite. Par un vent nul, le grand axe du ballon doit être dirigé entre les poteaux visés.

Le donneur du coup de pied est seul juge de la position à donner au ballon. Il doit faire son choix avec le plus grand soin et placer lui-même le ballon entre les mains du partenaire qui le posera sur le sol au moment du coup de pied.

Si, par la suite, en se reculant pour prendre son élan, il juge que, pour une raison quelconque, le ballon qu'on lui présente n'est pas favorablement dirigé, il doit absolument en rectifier la position, et cela autant de fois qu'il est raisonnablement nécessaire.

Quelle que soit la position choisie, il est de toute importance

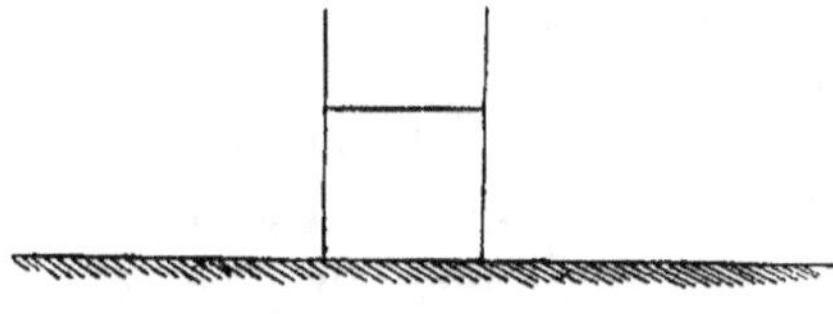

Fig. 6. — Manière de placer un ballon humide et lourd.

que le ballon soit tout à fait immobile à l'instant où il est frappé. Pour cela, le donneur du coup de pied doit, en choisissant sa place, creuser avec son talon le terrain, de telle sorte que le ballon soit parfaitement calé au moment où il est posé. La direction et la forme du trou doivent être telles que le ballon repose sur le sol dans la position même qu'il occupait entre les mains du placeur et que l'endroit du ballon qui doit être attaqué par le pied du frappeur soit bien exposé au coup.

Le rôle du placeur est également plus important qu'on ne le croit généralement. Ce joueur doit d'abord s'étendre de toute sa longueur sur le terrain en dehors du pied dont se sert le frappeur et de manière à ce que ses bras allongés et porteurs du ballon ne dépassent pas le trou où ils le déposeront ; la position de son corps sur le sol doit être perpendiculaire à la course du frappeur.

Cette attitude bien assurée, le placeur est tenu de garder la plus grande immobilité et de porter toute son attention à conserver entre ses mains le ballon dans la position définitivement choisie par le donneur du coup de pied. Il ne doit plus voir à ce moment-là autre chose que son ballon et le trou où il le déposera doucement au commandement du frappeur ; après quoi, et tant que le ballon n'a pas été frappé, il lui est interdit de faire un autre mouvement que de mettre, sans brusquerie, ses mains hors de l'atteinte du pied de son partenaire.

Quand le donneur du coup de pied a assuré le ballon, d'une façon convenable, dans les mains du placeur, il lui faut mesurer avec soin la distance nécessaire à l'élan qui précède le coup. Cinq à six mètres de terrain sont bien suffisants pour assurer au coup sa plus grande force et encore faut-il recommander l'allure du pas ordinaire pendant les premiers mètres et pour n'attaquer le ballon que dans une course dont les foulées s'allongent bien plus qu'elles ne se précipitent.

L'entraînement apprendra au donneur de coup de pied quelle est la distance qu'il doit adopter pour que son élan se termine naturellement par un mouvement très ample de la jambe qui frappe. Cette connaissance lui servira, en chaque occasion, à fixer le point de départ de sa course qui devra toujours être dirigée exactement dans le sens du grand axe du ballon.

Pendant toute la durée de son élan, le frappeur ne doit plus avoir d'autre point de vue que la place précise où son soulier va attaquer le ballon.

Le gain d'une partie dépendant souvent de la réussite d'un but, il faut, sur ce point, réduire rigoureusement la part du hasard en ne négligeant aucun détail dans la préparation du coup. Ajoutons donc, aux observations déjà faites, le conseil d'essuyer le mieux possible, avant de tenter le but, un ballon boueux et le soulier qui doit le frapper.

Si, bénéficiant d'un coup franc, un capitaine cherche à obtenir le gain d'un but par un coup de pied placé, il fera, réglementairement, poser le ballon assez loin de l'endroit où ses adversaires ont commis leur faute pour qu'ils ne puissent pas, sans une nouvelle infraction aux règles, gêner, d'une manière trop efficace, l'action du donneur du coup de pied et de son partenaire.

Le capitaine devra ensuite bien recommander à ses avants de ne pas dépasser le ballon tant qu'il n'a pas été frappé, mais aussitôt après de suivre à toute vitesse la trajectoire qu'il décrit pour s'efforcer d'arriver en même temps que lui, à son point de chute s'il ne franchit pas la barre. Cette règle doit être toujours rigoureusement observée, car son application peut donner un essai après la non-réussite de la tentative de but et, pour le moins, elle réduit sûrement l'action défensive des adversaires.

Le gain d'un but peut être acquis soit par un coup de pied tombé, soit par un coup de pied placé. Cette dernière méthode est préférable pour sa plus grande précision mais, que l'une ou l'autre soit choisie, les avants sont tenus de se placer et de suivre le ballon comme il a été indiqué.

Ajoutons, pour terminer ce chapitre, qu'un bon donneur de coup de pied placé est très précieux pour son équipe et qu'il doit être préféré à tout autre joueur dont les qualités générales ne sont pas très nettement supérieures aux siennes.

LE COUP DE PIED D'ENVOI Le coup de pied d'envoi est donné au ballon, placé au centre du terrain : au commencement de la partie, à la reprise du jeu après le repos qui sépare les deux mi-temps et après la réussite d'un but sur coup de pied placé ou tombé.

Si les règlements spécifient que les bénéficiaires du coup d'envoi ne peuvent pas gagner de terrain sans empêchement en adressant directement le ballon en touche, il est possible, toutefois, de tirer un sérieux avantage de la liberté que l'on a, en ce cas, d'envoyer la balle sur un point du terrain judicieusement choisi.

Remarquons d'abord que sur le coup d'envoi, donné le plus souvent par un avant, les joueurs qui forment la première ligne de l'équipe doivent commencer leur action générale qui est de toujours se trouver le plus près possible du ballon. Ils auront donc à suivre à toute allure la trajectoire qu'il décrit pour s'en emparer si possible avant les adversaires et gagner ainsi réglementairement tout le terrain franchi par cette courbe.

Cet excellent résultat, qui peut être obtenu comme nous le verrons plus loin, est le plus souvent compromis par trois fautes initiales qui sont : 1° un coup de pied qui envoie le ballon dans une direction imprévue ; 2° une mauvaise répartition, sur le terrain, des joueurs qui doivent suivre le ballon ; 3° un manque d'ardeur dans la course de ces joueurs.

Il faut éviter ces trois fautes et mettre tous les atouts dans son jeu en tenant compte des observations suivantes :

> *1° Les joueurs qui doivent suivre le ballon seront toujours prévenus de sa direction et se placeront, non sur la ligne du coup d'envoi, mais en arrière même de l'homme qui prend l'élan nécessaire au coup de pied qu'il va donner. Les suiveurs prendront leur élan de telle sorte qu'ils seront en pleine allure et très peu en arrière du ballon à l'instant où il est frappé.*

Cette façon de procéder est la seule susceptible de donner à la course des avants toute la rapidité désirable et de leur faire éviter de devancer le ballon au moment du coup d'envoi. Les capitaines doivent rigoureusement faire adopter cette disposition aux trop

nombreux avants stupidement entêtés à prendre la posture d'un
départ de course de vitesse sur la ligne même du coup d'envoi.
Faire perdre à son équipe tout le bénéfice d'un coup de pied, en
devançant le ballon avant qu'il ne soit frappé, est une faute
grotesque et d'autant moins pardonnable qu'il est aisé de ne pas
la commettre.

> 2° *Le donneur du coup de pied doit choisir la di-
> rection qu'il va donner au ballon en tenant compte
> de la direction et de la force du vent et aussi de la
> disposition des lignes opposées.*

Si le vent souffle violemment et directement vers le but adverse,
la meilleure chose à faire est d'envoyer le ballon le plus haut et
le plus loin possible parallèlement aux lignes de touche, car il
est certain que si le ballon a été correctement suivi, l'adversaire
qui l'aura reçu ne pourra, en le renvoyant en touche contre le
vent, reprendre qu'une petite partie du terrain gagné par le long
coup de pied du donneur du coup d'envoi.

Avant un coup de pied de cette sorte, les suiveurs doivent se
répartir à droite et à gauche de celui qui frappe le ballon pour
présenter avec lui un front de trente à quarante mètres et faire
en sorte, par la suite, d'arriver tous et le plus rapidement possible au point de chute du ballon, soit pour s'en emparer, soit
pour réduire au minimum l'action de la défense adverse.

Suivant que le vent soufflera à droite où à gauche, le donneur
du coup de pied dirigera le ballon vers la touche qu'il atteindra
le plus facilement. Cinq ou six avants se placeront alors, avant
le coup de pied, entre la touche visée et le donneur du coup
d'envoi car il est évident que cette disposition réduit la distance
qu'ils auront à parcourir pour arriver au point de chute.

Le joueur qui frappe le ballon doit, en ce cas, l'envoyer le
plus près possible de la ligne de touche et encore assez haut,

pour qu'il retombe à une distance telle de la ligne d'envoi que les avants qui le suivent arrivent à son point de chute au moins en même temps que les adversaires ; ces derniers se trouveront en tous les cas moins nombreux à cet endroit que les attaquants, étant donné qu'ils ne pourraient, sans considérablement risquer leur chance, concentrer un grand nombre de joueurs sur le point où ils prévoyaient pourtant l'attaque.

Si le vent laisse à celui qui frappe le ballon le choix pour la direction de son coup de pied, il ne peut mieux faire que de choisir un point de chute qui soit le plus près possible de la touche gauche, pour cette seule raison qu'au cas où le ballon serait repris par un adversaire, ce dernier aurait moins de facilités à le retourner en touche, à moins, ce qui est l'exception, qu'il ne puisse se servir du pied gauche aussi bien que du pied droit.

Insistons encore, à propos du coup d'envoi, sur l'extrême importance qu'il y a, pour les avants, à suivre à toute vitesse le ballon frappé par un coup de pied. Alors même que la trajectoire du ballon leur semble beaucoup trop longue pour justifier l'utilité de leur course, ils n'en doivent pas moins suivre tous ensemble à toute allure, soit pour profiter d'une maladresse éventuelle de l'adversaire qui s'apprêtait à recevoir le ballon, soit pour limiter son retour offensif.

Beaucoup d'avants courant à toute vitesse réduisent, comme malgré eux, leur allure à quelques mètres du joueur opposé qui va reprendre le ballon et le laissent ainsi marquer un arrêt de volée. Les joueurs influencés d'une façon aussi inexplicable, connaissant leur défaut, doivent avoir à tâche de le faire disparaître en prenant, avant leur course, la ferme résolution d'aborder à toute allure l'adversaire qui recevra le ballon pour l'en déposséder ou le bousculer avant qu'il n'ait pu faire sa marque.

LE COUP DE RENVOI Le coup de renvoi est un coup de pied tombé donné dans des circonstances prévues par les règlements que nous exposons d'autre part.

A moins que le vent ne souffle très fortement dans la direction du but opposé, auquel cas un long coup de pied donné vers la touche peut faire gagner beaucoup de terrain, le meilleur coup de renvoi doit enlever le ballon assez haut pour qu'il puisse être repris à sa chute, sur l'endroit du terrain le moins garni d'adversaires, par les avants qui le suivent.

LE DRIBBLING Dribbler consiste à diriger, avec les pieds, le ballon sur le sol. Cette définition ne convient pas du tout à désigner les actes incohérents de la plupart des joueurs français qui s'imaginent dribbler en chassant, à grands coups de soulier, le ballon dans les directions les plus imprévues.

La grande difficulté de dribbler correctement, qui explique le grand nombre de mauvais exemples, n'est pourtant pas insurmontable, mais il faut au moins chercher à la vaincre et il n'est peut-être pas un équipier sur vingt qui s'entraîne consciencieusement pour obtenir ce résultat.

Ce moyen de jouer doit être spécialement signalé à l'attention des joueurs français, puisqu'il est le plus négligé. Peut-être suffira-t-il, pour les convaincre que le dribbling n'est pas un procédé d'un ordre inférieur, de leur apprendre qu'une attaque de cette sorte quand elle est bien ordonnée est presque irrésistible, et qu'en outre elle met merveilleusement en valeur l'homogénéité d'une équipe et les qualités personnelles que chaque joueur est surtout heureux de mettre en évidence.

Les avants qui ont, par leur rôle, à employer très fréquemment le dribbling, doivent s'y entraîner individuellement et collectivement.

La meilleure méthode pour l'entraînement individuel consiste à placer le ballon sur le terrain et à le conduire en se servant du côté gauche du pied droit et du côté droit du pied gauche vers un but fixé à l'avance.

Il faut, au début de l'entraînement, s'exercer à très petite allure et considérer comme seule importante la condition de garder le ballon dans la bonne voie. Pour cela, il ne faut pas le frapper trop fortement mais nécessairement le pousser en avant par une légère glissade du pied qui cherchera toujours à l'empêcher de s'échapper extérieurement.

A moins de circonstances exceptionnelles, comme, par exemple, le cas où un joueur, n'ayant pas le temps de ramasser le ballon, pourrait marquer un essai en suivant un long coup de pied, le dribbleur doit faire en sorte que son ballon ne le précède jamais de plus de un ou deux mètres.

Quand un joueur sera suffisamment habile à diriger correctement le ballon aux petites allures, il s'exercera à rendre son action plus rapide, mais en se gardant rigoureusement de sacrifier si peu que ce soit de la précision.

Si, pendant le dribbling, il arrive que le ballon rebondisse assez haut pour être repris avec certitude par les mains d'un dribbleur, celui-ci ne peut hésiter à s'en saisir car il est bien évident que, dans une partie, il pourra ainsi continuer utilement sa course d'une façon beaucoup plus rapide.

Quand chacun des équipiers d'une ligne d'avants saura conduire correctement et rapidement le ballon en le dribblant, les huit hommes procéderont au travail d'ensemble.

Cet exercice est de toute nécessité, puisque les bons résultats d'un dribbling dépendent uniquement de l'action collective et que le meilleur dribbleur du monde ne peut rien faire d'efficace pour une équipe dans laquelle il n'est pas bien secondé.

La manière la plus pratique d'entraîner ensemble huit

hommes sachant individuellement bien dribbler, est de les faire attaquer un but protégé par quatre ou cinq joueurs qui trouveront ainsi eux-mêmes la meilleure occasion d'apprendre à se défendre contre une semblable offensive.

Il est nécessaire tout d'abord de donner un certain champ à la mise en action des dribbleurs qui se disposeront de la façon suivante : Un joueur derrière le ballon le conduira vers le but indiqué ; ce joueur sera secondé d'un partenaire qui le suivra constamment à un ou deux mètres de distance pour reprendre le ballon au cas où il resterait entre lui et son prédécesseur ; ce dernier, sans jamais chercher à reprendre le ballon qu'il vient de manquer, prendra à son tour le rôle de suiveur. Les six autres avants se répartiront à droite et à gauche du dribbleur et de son suiveur pour reprendre le ballon, soit au cas où il aurait échappé extérieurement à leur action, soit si le dribbleur croyant son action arrêtée par un des joueurs défendant, adresse, par une passe au pied, le ballon à droite ou à gauche à un partenaire plus libre de ses mouvements.

Dans chacun de ces deux cas, le joueur qui a reçu le ballon devient dribbleur et son plus proche co-équipier se place immédiatement à sa suite, cependant que, le plus rapidement possible, mais sans confusion, les six autres se répartissent comme il a été précédemment indiqué pour reformer la ligne d'attaque.

Ce que chaque équipier doit surtout éviter, c'est de chercher à déposséder du ballon le joueur qui le dribble ou de gêner ses mouvements en le serrant de trop près. Les dribbleurs doivent attaquer dans une formation très dense mais non point tumultueuse.

Si le dribbling demande à être conduit d'une manière précise, il ne donne que des résultats très affaiblis quand on cherche à l'enjoliver. Pour cette raison, il est à recommander au dribbleur de donner le plus de simplicité possible à son action et de passer, avec le pied, le ballon à l'un de ses partenaires, sans jamais s'arrêter devant l'adversaire qui le marque pour essayer de le tromper par des feintes.

Le dribbleur ne doit pas non plus obliquer sa course pour éviter un adversaire. Cette manœuvre aurait pour fâcheuse conséquence de désorganiser la ligne d'attaque et de conduire le ballon vers la touche ; la passe faite avec le pied lui est de beaucoup préférable.

S'il arrive que les adversaires s'opposent en masse au dribbling et que le joueur qui conduit le ballon s'aperçoive à temps de cette concentration, il a une très belle occasion de faire gagner beaucoup de terrain à son équipe en adressant immédiatement le ballon à l'un de ses partenaires ailiers.

Si, au contraire, le dribbleur a poussé son action jusqu'à s'engager dans la masse des adversaires, ses partenaires doivent immédiatement se rabattre pour soutenir une poussée qui ne saurait être supportée par le dribbleur et son suiveur, réduits à leurs seules forces.

L'action générale des dribbleurs doit être autant que possible dirigée parallèlement aux lignes de touches ; toutes les tentatives faites dans un autre sens avortent rapidement.

L'entraînement collectif, consciencieux et régulier, donnera au dribbling les caractères de vigueur et de rapidité qui lui sont nécessaires et il nous semblera avoir étudié la manière d'attaquer en dribblant d'une façon assez complète quand nous aurons signalé que si l'on peut attendre les meilleurs résultats d'un dribbling correctement mené, les pires conséquences sont les suites naturelles et souvent immédiates de cette opération mal exécutée.

L'ARRÊT DU DRIBBLING — Il est nécessaire à tout joueur de savoir arrêter le ballon quand il est dribblé par les adversaires.

MAUVAISE MANIÈRE DE PRENDRE LE BALLON POUR UNE PASSE LONGUE. — Le ballon, mal assuré
dans la main qui doit le lancer, ne pourra être adressé avec précision vers un point éloigné.

Bonne manière de prendre le ballon pour une passe longue. — Le ballon, assuré dans la main et appuyé contre l'avant-bras, permettra de bien exécuter le mouvement du bras.

La seule façon de s'y prendre est de se jeter à terre sur le ballon, sans hésitation, en disposant au plus vite son corps de telle façon qu'interposé entre le ballon et l'adversaire il ne présente aux pieds de ce dernier que la partie inférieure du dos.

L'application de cette méthode ne comporte aucun danger, seule l'idée qu'on s'en fait est désagréable et les joueurs qui s'en affranchissent, dès leurs débuts, accomplissent par la suite avec la plus grande désinvolture et sans inconvénient un acte qui leur semblait tout d'abord héroïque.

Quand on peut se saisir du ballon, dribblé par les adversaires, avant qu'il ne soit retombé sur le sol, il faut se souvenir que l'on doit marquer un arrêt de volée. C'est là une très belle preuve de sang-froid, mais on a très rarement l'occasion de la donner.

Le joueur qui a arrêté un dribbling est extrêmement fautif si, contrairement aux règlements, il s'immobilise dans son attitude, en gardant le ballon. Les coups de pieds que lui distribuent ses adversaires, enragés de voir leur attaque irrégulièrement arrêtée, lui reviennent de droit aussi bien que le coup franc dont est par la suite pénalisée son équipe. A ce propos, il est utile de dire que rien n'est plus contraire à l'esprit et à la beauté du jeu que d'entraver sa rapidité, c'est ce que nous allons nous efforcer de mettre en évidence en étudiant la définition du tenu.

LE TENU   On dit d'un joueur qu'il est tenu lorsque, étant en possession du ballon, il est entouré d'adversaires, de telle sorte qu'il peut être fort malmené sans aucune utilité pour son équipe.

Les accidents trop nombreux résultant des luttes inégales et stupides dans lesquelles se complaisaient une quantité d'énergumènes nécessitèrent le règlement spécial qui, sous peine de coup franc, impose à tout joueur incapable de jouer utilement le ballon, l'obligation de s'en dessaisir immédiatement. L'arbitre est entièrement juge de l'instant où l'équipier tenu doit lâcher le ballon.

Beaucoup de joueurs croient encore que le mot « tenu » qu'ils ont prononcé, doit, par effet magique, éloigner d'eux, à distance respectueuse, tous leurs adversaires, de telle façon qu'ils puissent placer, à leur aise, le ballon devant eux. Se croyant dans leur droit en gardant le ballon, ils vocifèrent leur tenu avec d'autant plus d'indignation et ils sont complètement accablés quand l'arbitre met fin à l'horrible confusion en accordant un coup franc à leurs adversaires.

Éclairons ces prétendues victimes de l'injustice en leur disant que *dès qu'un équipier sent qu'il ne peut raisonnablement jouer le ballon, il doit le laisser tomber devant lui comme s'il lui brûlait les mains* et qu'en prononçant le mot tenu il avertit simplement ses adversaires qu'il n'est déjà plus en possession du ballon et que, par conséquent, il est inutile et contraire aux règlements de continuer à le malmener.

LA PASSE La passe est l'acte de se dessaisir du ballon au profit d'un partenaire mieux placé pour commencer où continuer une attaque. La passe peut être faite soit avec les pieds comme on le verra plus loin, soit avec les mains ainsi que nous allons de suite l'examiner.

Remarquons en commençant que la façon de jouer le ballon avec les mains outre qu'elle donne au rugby tous ses caractères d'élégance, d'adresse et de rapidité est encore le plus efficacement employée pour assurer le succès d'une équipe.

On peut dire, en effet, que si le dribbling impeccablement pratiqué est un excellent moyen d'offensive, la passe, parfaitement exécutée et combinée, serait un procédé d'attaque qui

aurait mathématiquement raison de la meilleure défense possible.

Peut-être, à ce sujet, n'est-il point paradoxal de se féliciter
de l'impossibilité qu'il y a à atteindre la perfection car, en assu-
rant infailliblement le succès de chaque attaque, elle rendrait
le jeu infiniment monotone. Mais nous sommes si éloignés de
cette éventualité que l'on s'accorde unanimement à reconnaître
qu'il y a beaucoup à gagner, pour l'agrément des joueurs et
des spectateurs, à s'en rapprocher jusqu'à la limite du possible.
L'écart qui restera semble, dès à présent, grandement suffisant
pour laisser toute la place à l'imprévu nécessaire à l'intérêt
du jeu.

En conséquence, efforçons-nous de progresser sur ce point
comme sur tous les autres et, pour cela, étudions d'abord les
conditions qui font la plus ou moins grande efficacité d'une passe.
Ces conditions sont :

> *La précision ;*
> *L'allure à laquelle elle est donnée et reçue ;*
> *L'à-propos avec lequel elle est faite.*

En supposant des joueurs habiles au maniement du ballon, la
grande précision est facilement réalisable ; seulement, comme il
ne faut rien hasarder, les joueurs les plus adroits se garderont
d'apporter la moindre fantaisie dans l'acte de passer le ballon
ou de le recevoir. C'est pour vouloir briller en jouant la difficulté que bien des joueurs font souvent des passes impossibles
à reprendre, ou manquent la réception du ballon en faisant perdre
à leur équipe autant d'occasions de marquer des essais ou de
gagner du terrain.

La façon la plus correcte de passer le ballon est de l'envoyer
avec les deux mains en faisant jouer sur les hanches la partie
supérieure du corps, de telle sorte que l'on puisse regarder nor-

malement le point où l'on veut lancer le ballon et qui, sauf en des circonstances exceptionnelles, doit être à la hauteur des hanches du bénéficiaire de la passe.

Cette attitude du joueur qui passe est encore recommandable parce qu'elle est la plus favorable à l'exécution de la feinte de passe qui nous occupera dans un prochain paragraphe.

La réussite d'une passe ne dépend pas, comme on le croit généralement, pour la plus grande part, de celui qui la fait mais surtout de celui qui la reçoit.

Il est en effet certain que le joueur qui porte le ballon n'étant pas entièrement maître de la direction de sa course puisque ses adversaires s'y opposent. il est du devoir de ses partenaires de le suivre de telle façon qu'ils soient toujours favorablement placés pour lui faciliter sa tâche au moment où il jugera bon d'adresser le ballon à l'un d'eux.

Il faut avoir soin pour cela de ne pas s'écarter de plus de quatre mètres du joueur dont on attend la ballon et de se placer en arrière de lui, de telle sorte qu'on soit obligé d'accentuer l'allure pour recevoir des deux mains et en pleine vitesse le ballon que le passeur doit, pour sa part, envoyer au point voulu pour assurer cette attitude, c'est-à-dire un peu en avant du corps du destinataire.

C'est encore ce dernier qui assurera la correction réglementaire de la passe en ne devançant jamais l'homme dont il attend le ballon.

En résumant ces observations on peut se rendre compte que les mauvaises passes résultent le plus souvent du malentendu qui divise généralement le joueur qui a le ballon et ses partenaires. ces derniers s'imaginant que le premier doit accentuer son allure, la ralentir, changer la direction de sa course à leur profit alors que ce rôle est celui qu'ils doivent eux-mêmes jouer dans l'intérêt général.

La seconde qualité d'une bonne passe est la rapidité d'allure des joueurs qui l'accomplissent. La vérité de cette proposition est démontrée par l'attitude même des joueurs qui attaquent et de leurs adversaires.

Supposons un joueur en possession du ballon et courant vers le but adverse en compagnie de quelques partenaires qui le suivent comme il a été indiqué. Ce joueur trouvera bientôt en face de lui un adversaire qui l'obligera à passer. Si, à ce moment, l'allure générale des attaquants n'est pas très rapide, l'adversaire qui a obligé le porteur du ballon à s'en dessaisir pourra trouver le temps de se retourner et de se lancer à la poursuite du bénéficiaire de la passe avec des chances de l'atteindre.

Si, au contraire, la passe est faite en pleine vitesse, le défenseur sera dans l'impossibilité de rejoindre le nouveau porteur du ballon et les joueurs attaquants auront pénétré très efficacement la défense qui leur était opposée.

Cela bien établi, l'importance de la rapidité des joueurs qui passent et reçoivent le ballon est tout à fait évidente. Aussi est-il à recommander aux joueurs qui s'entraînent à passer et à recevoir le ballon, d'accomplir toujours cet exercice aux allures les plus rapides. Contrairement à ce précepte, bien des équipiers s'exercent continuellement au pas gymnastique. Cette façon de procéder est bonne pour les débutants qui, par la suite et en raison des progrès accomplis, devront augmenter leur allure jusqu'à fournir la plus grande vitesse possible.

Le travail que l'on accomplit ainsi est très fatigant et c'est probablement la raison qui fait qu'il est très négligé. Comme, à notre avis, c'est surtout faute de l'accomplir que les progrès des équipiers français nous semblent si lents sur ce point du jeu, nous recommandons aux capitaines de l'imposer nécessairement à tous les joueurs de leurs équipes. Avants, demis, trois-quarts et même arrières tireront les meilleurs profits d'un exercice qui, outre qu'il augmente d'une façon étonnante les qualités offensives d'un quinze, développe en même temps, aussi considérablement, l'adresse, la rapidité et l'endurance de chacune de ses individualités.

A ce propos, il est très utile d'attirer l'attention des avants sur ce fait qu'ils doivent passer le ballon aussi bien que n'importe quel trois-quart. Cette considération pour être très naturelle semble avoir échappé à l'immense majorité des équipiers français de première ligne. Quatre-vingt-quinze avants français sur cent lorsqu'ils ont le ballon dans les mains sont incapables de le jouer utilement par une passe, c'est-à-dire qu'il n'est pas question de leur demander de seconder raisonnablement une attaque de trois-quarts. Ce déplorable état de choses doit grandement s'améliorer pour que nos représentants fassent enfin figure honorable devant les équipes du Royaume-Uni et, spécialement, devant les quinze gallois dont la très grande supériorité vient tout simplement de l'excellence des combinaisons manuelles de leurs différentes unités.

Les avants français consciencieux travailleront donc avec acharnement, et d'autant plus que la passe leur est plus difficile à exécuter qu'aux trois-quarts, étant donné que, par leur position, ils sont plus rapidement gênés par leurs adversaires.

La troisième qualité d'une passe : l'à-propos avec lequel elle est faite, est aussi la principale parce que c'est absolument d'elle que dépend le succès d'une attaque générale dont chaque mouvement a été correctement exécuté.

L'à-propos consiste pour un joueur qui va passer le ballon à s'en dessaisir au moment précis où l'adversaire qui le marque ne peut ni l'arrêter sans contrevenir aux règlements, ni se rabattre sur le joueur qui doit bénéficier de la passe, ni se mettre à sa poursuite avec une chance de l'atteindre.

Le fait que tout le succès dépend en ce cas d'un écart d'un

cinquième de seconde explique toute la difficulté d'une très bonne exécution. Le joueur en possession du ballon fera pour le mieux, en s'efforçant surtout de garder son sang-froid pour envisager nettement, quelle que soit la vitesse de sa course, sa position sur le terrain par rapport à ses adversaires d'abord et à ses partenaires ensuite. Cette faculté de jugement se développe lentement et seulement par une longue pratique. C'est pour bien la posséder que certains vieux joueurs tiennent encore très utilement leur place au milieu de partenaires dont les moyens physiques sont supérieurs aux leurs. La seule recommandation que l'on puisse faire à ce sujet est, pour chaque joueur qui reçoit le ballon, de prévoir qu'à un moment donné il aura à le passer et de soigneusement préparer cet acte en continuant à courir.

Il est beaucoup de joueurs qui, lorsqu'ils suivent un partenaire porteur du ballon, le lui réclament sur tous les tons de telle sorte, qu'affolé par les hurlements qui l'accompagnent et perdant toute notion des choses, il s'en dessaisit absolument au hasard et c'est encore par un manque d'à-propos qu'une bonne occasion est manquée.

Tous les joueurs se rappelleront donc quand ils ont à suivre une attaque par passe que :

> 1° *Ils doivent, en silence, se répartir de chaque côté du porteur du ballon de la façon la plus favorable à continuer l'attaque, c'est-à-dire en évitant d'arriver directement sur un adversaire au moment où ils recevront le ballon ;*
>
> 2° *Qu'ils ne doivent jamais réclamer une passe sous prétexte d'indiquer la place favorable qu'ils occupent à l'homme qui porte le ballon et que c'est à ce dernier seulement qu'il appartient de juger la*

*situation en ce qui concerne le moment où il doit
passer et le choix du suiveur à qui il adressera
la passe.*

Il est presque inutile d'ajouter que le joueur qui vient de
passer le ballon et qui peut continuer sa course doit accompa-
gner le bénéficiaire de la passe, ainsi qu'il a été indiqué, pour
être en mesure de profiter d'un retour de passe.

La passe doit être telle que le ballon arrive rapidement mais
sans violence aux mains de son destinataire. La position du
ballon entre les mains de son porteur est aussi très importante
pour la réussite de la passe. Il faut tenir le ballon à deux
mains non pas par les deux pointes mais par sa partie inférieure,
le grand axe dirigé vers le sol.

Le porteur du ballon doit, dès qu'il l'a reçu, l'assurer dans ses
mains dans la position correcte pour être au plus tôt prêt à le
passer convenablement. C'est faute d'observer cette recommandation qu'un grand nombre de joueurs adressent des passes
le plus souvent impossibles à reprendre.

Il est évident que quand il s'agit de faire une passe longue
comme, par exemple, pour certaines passes du demi à la touche,
on ne peut lancer le ballon à deux mains. La meilleure façon
de procéder, en ces occasions, est d'assurer le ballon dans la
main qui va le lancer de telle sorte que son extrémité inférieure
soit en contact avec les doigts qui maintiendront, sans raideur,
son adhérence à l'avant-bras Le mouvement du bras exécuté
par la suite amplement, avec beaucoup plus de souplesse que
de force, adressera le ballon d'une façon précise à un point très
éloigné.

Le chapitre de la passe serait très incomplet si nous n'insis-
tions, d'une façon tout à fait particulière, sur l'importance du
devoir qu'a le porteur du ballon de ne s'en dessaisir que lorsque
sa course est directement dirigée vers les buts adverses.

Si, en effet, au moment où il passe il court dans la direction d'une ligne de touche, il donne aux joueurs de la défense adverse une direction commune qui les porte en masse sur le point du jeu le plus menacé. Il faut toujours bien se pénétrer de l'idée que c'est de l'action individuelle que dépend le plus souvent le mouvement général et agir en conséquence. Pour le sujet dont nous traitons, il faut que, si le porteur du ballon a été obligé de courir vers une ligne de touche pour éviter sûrement un adversaire, il redresse ensuite sa course pour ne passer le ballon que lorsqu'il aura repris le chemin direct de la ligne de but des adversaires. Si cette manœuvre lui est impossible, il doit en tous les cas absolument s'abstenir de passer dans la direction de la course des opposants et : ou chercher le destinataire de sa passe dans une direction contraire, ou jouer le ballon avec le pied pour l'adresser, soit en touche, soit à des partenaires démarqués.

LA FEINTE DE PASSE La feinte de passe consiste, pour le porteur du ballon, à tromper l'adversaire qui se prépare à l'arrêter en accomplissant exactement le mouvement d'une passe à un partenaire sans se dessaisir du ballon au dernier moment. Cette subtilité bien exécutée a souvent pour résultat de lancer l'adversaire menaçant sur un joueur qu'il ne peut réglementairement arrêter, pour laisser le champ libre à l'homme dont il devait, nécessairement, empêcher la course.

Ce procédé, dont l'emploi donne au jeu un caractère spécial, extrêmement agréable, est, entre tous, d'une exécution difficile et d'une application très délicate. Il exige d'abord une parfaite connaissance du mécanisme de la passe et une pratique à peu près irréprochable de ce moyen de jouer le ballon. Il faut, en effet, pour feinter efficacement, avoir tout le sang-froid nécessaire à l'évaluation exacte des distances et, en même temps, à la prévision des actes éventuels de l'adversaire et, encore, une souplesse de mouvements telle que l'acte de la feinte soit jusqu'au dernier moment absolument semblable à l'acte de la passe.

La seule différence entre ces deux mouvements est dans le moment où ils sont commencés. Il est, en effet, à recommander de dessiner le mouvement de la feinte un peu plus tôt que celui de la passe, c'est-à-dire à une distance plus éloignée de l'opposant pour avoir le temps de le tromper et ne pas arriver, en possession du ballon, alors qu'on est encore à sa portée. Cette recommandation doit être complétée par le conseil d'obliquer légèrement la course du côté opposé à la direction que l'on a fait suivre au joueur que l'on a trompé.

C'est, plus encore que pour la passe, par une longue pratique que l'on arrive à feinter quelquefois avec succès. Il faut surtout, répétons-le, chercher à garder son sang-froid en prenant sur soi de raisonner ses actes d'une façon d'autant plus nette quand on est en possession du ballon. Cette méthode permettra généralement à ceux qui l'auront consciencieusement suivie, de tirer parti d'une quantité de ressources imprévues de leurs adversaires et spécialement, pour le cas qui nous occupe, de feinter ou de passer, suivant l'hésitation ou l'assurance qu'ils pourront remarquer chez leurs opposants.

Il est inutile de faire remarquer, à propos de la feinte de passe, que si le joueur qui a réussi à tromper son adversaire est toujours à féliciter, ce dernier ne peut éviter le blâme en invoquant comme excuse qu'il croyait avoir mieux à faire que d'arrêter le porteur du ballon.

Il y a là un principe avec lequel il est interdit de transiger : Le joueur qui marque le porteur du ballon doit absolument ou l'arrêter ou le forcer à passer. S'il arrive, par la suite, que le ballon parvienne à un adversaire démarqué, rien ne peut être reproché au joueur qui a obligé la passe car il a au moins fait courir, aux attaquants, le risque d'une passe manquée, alors qu'il aurait été complètement inutile à son équipe si son hésitation l'avait finalement réduit à laisser courir librement deux adversaires.

Le joueur qui a feinté avec succès doit bien se dire qu'une autre tentative immédiate a beaucoup moins de chances de réussite. Le mieux à faire est de passer le ballon au prochain obstacle ; la percée obtenue dans les lignes adverses par une feinte de passe est d'ailleurs ordinairement suffisante pour que le ballon parvienne par la suite à un joueur attaquant complètement démarqué.

La feinte de passe est toujours interdite au porteur du ballon qui, bien suivi, par un ou plusieurs partenaires n'a plus devant lui qu'un seul adversaire. La passe simplement exécutée s'impose en ce cas d'une façon absolue et il est tout à fait inutile d'en expliquer la raison.

Une des occasions les plus favorables à la réussite de la feinte est, pour le joueur porteur du ballon, de voir l'adversaire qui le marque obligé de courir obliquement sur lui. Une feinte dans la direction de la course de son adversaire et un petit crochet dans le sens opposé ont les plus grandes chances de faire le terrain libre au joueur attaquant.

Les individualités qui pratiquent à peu près convenablement la feinte de passe sont si rares dans les équipes françaises qu'on les cite nominativement. Il s'ensuit, que leurs adversaires les connaissent parfaitement, que le succès récompense rarement l'emploi qu'ils font de ce procédé alors qu'il en serait tout autrement s'ils étaient secondés dans les équipes où ils jouent par des partenaires, qui, comme eux, chercheraient intelligemment à dérouter les prévisions adverses.

Il faut donc encourager les joueurs, déjà suffisamment adroits à passer le ballon, à pratiquer la feinte de passe et, pour cela, il est à recommander aux capitaines de bien se garder de blâmer sévèrement les premières tentatives infructueuses mais d'étudier, après la partie, avec les joueurs malheureux, les causes de leurs insuccès, de les instruire à faire mieux et de les mettre en confiance en leur faisant entrevoir comme possibles de plus favorables résultats.

Et il est de fait certain que, par la pratique, quelques joueurs en sont arrivés à feinter d'instinct et à saisir l'occasion avec une telle rapidité qu'ils retiennent heureusement le ballon alors même qu'ils avaient presque terminé le mouvement d'une véritable passe.

L'ARRÊT L'arrêt consiste à empêcher l'action d'un adversaire porteur du ballon. Le moyen le plus pratique pour obtenir ce résultat est de mettre aussi rapidement que possible son adversaire à terre, en le saisissant aux jambes un peu au-dessus des genoux et en resserrant son étreinte très fortement pour le faire basculer s'il est de pied ferme, et en se laissant simplement traîner sur le sol s'il est lancé et quelle que soit la rapidité de sa course.

La prise au-dessus des genoux est préférable à toute autre, parce qu'elle est plus sûre d'abord, et pour l'avantage qu'elle offre encore d'éviter au visage de l'arrêteur le contact toujours désagréable des genoux ou des souliers de son adversaire.

C'est tout à leurs débuts que les joueurs doivent s'habituer à arrêter correctement. Les causes des insuccès sont l'appréhension du choc et le manque de confiance que l'arrêteur a dans sa prise. L'appréhension disparaît très rapidement car, les premiers essais démontrent pratiquement qu'il n'y a aucun danger à se lancer aux jambes d'un adversaire même quand il est grand, fort et lancé à pleine vitesse ; d'autre part, si le joueur qui arrête assure sa prise avec une grande fermeté, il ne laissera pas échapper une fois sur dix l'adversaire porteur du ballon, dont il pourra couper la course. Il faut naturellement, dans ce dernier cas, placer sa tête à droite ou à gauche des cuisses de l'adversaire pour faire seulement obstacle de l'épaule.

Cette façon d'arrêter est la seule qui devrait être employée, car elle est la plus rapide, la plus nette et la plus efficace. Par elle, il suffit d'un homme pour en arrêter un autre alors que bien souvent un joueur attaquant immobilise deux ou trois adversaires dont les efforts se contrarient à tirailler leur victime du haut en bas et dans tous les sens.

Chercher à arrêter un adversaire en le saisissant par la partie supérieure du corps revient presque à dire qu'on veut le laisser passer tant est facile la parade contre cet essai de prise. Le joueur attaquant n'a en effet, en ce cas, qu'à étendre le bras, la main ouverte, dans la direction de la figure de son timide adversaire, pour s'affranchir presque à coup sûr de toute prise efficace.

L'arrêteur qui voit un adversaire arriver directement sur lui et qui l'attend de pied ferme, ne doit pas se baisser trop tôt pour préparer son arrêt, car son attitude permettrait au joueur attaquant soit de sauter par-dessus lui, soit de l'éviter au dernier moment par un petit crochet.

LA TACTIQUE DU RUGBY

LE JEU DES
AVANTS

LES avants ont de beaucoup la tâche la plus lourde dans la partie. Leur rôle, joué consciencieusement, les oblige en effet :

1° A s'assurer la possession du ballon le plus souvent possible, malgré les efforts de leurs adversaires ;

2° A préparer le travail des lignes d'attaque de leur équipe en leur faisant parvenir correctement le ballon dont ils se sont assuré la possession ;

3° A coopérer aux attaques qu'ils ont préparées ;

4° A soutenir leurs lignes arrières en participant tous à la défense.

Si l'on considère que toutes ces opérations doivent être accomplies avec beaucoup de vigueur et de rapidité, on se rend compte de la somme énorme de travail imposée à tous les avants et du mérite incomparable de ceux d'entre eux qui s'acquittent de leur ouvrage sans en négliger aucun détail.

L'entraînement sévère, régulièrement suivi, peut seul permettre aux avants les efforts qu'on leur demande de fournir sans un moment de défaillance pendant la durée de la partie. Ils s'astreindront donc, consciencieusement au travail préparatoire qui, par la suite, facilitera beaucoup leur tâche et les mettra en mesure de prendre la plus grande part au succès de leur équipe.

Nous savons que le rôle des avants consiste en général à suivre le ballon le plus près possible pour avoir toutes les chances de le jouer avant leurs adversaires et s'opposer, s'il est nécessaire, à l'action de ces derniers en faisant avorter au plus vite leurs combinaisons. Cette action générale se complique du travail tout à fait spécial que les avants ont à accomplir à la remise du ballon en jeu : soit après une sortie en touche, soit après une faute involontaire, par une mêlée. Examinons d'abord le premier de ces cas.

LE RÔLE DES AVANTS A LA TOUCHE Les règlements expliquent que le ballon, lorsqu'il a été lancé hors d'une des lignes de touche, doit être remis en jeu par un équipier du camp opposé à celui qui a fait la sortie, de telle façon que cet équipier, les pieds en dehors de la ligne de touche au point même où le ballon en est sorti, le relance à une distance quelconque de la ligne de touche mais dans une direction qui lui soit perpendiculaire.

Le rôle de remettre le ballon en jeu appartient ordinairement à un demi, mais ce sont toujours les avants qui ont pour mission d'être prêts à le recevoir. Ils doivent donc, en conséquence, accourir de toute leur vitesse à l'endroit de la remise en jeu.

Cette règle est absolue et la rapidité de l'arrivée des avants doit être égale, que la remise en jeu appartienne à leur camp ou qu'elle appartienne au camp opposé. En effet, dans le premier de ces cas, comme leur demi apportera tous ses soins à

ATTAQUE DES AVANTS GALLOIS PAR PASSES (Match France Pays de Galles, Cardiff 1907). — Une des principales raisons de la supériorité des équipes galloises sur les équipes françaises est l'habileté manuelle de leurs avants.

L'ARRÊT. — Le meilleur moyen d'arrêter est de saisir son adversaire aux jambes, au-dessus des genoux et de le faire basculer s'il est arrêté ou de se laisser traîner s'il est lancé.

leur adresser le ballon plutôt qu'aux adversaires, ils trouveront,
s'ils ont pu devancer ces derniers à l'endroit de la remise en jeu,
les plus belles occasions de jouer efficacement le ballon.

Dans le cas contraire la présence des huit hommes de la ligne
est absolument nécessaire pour empêcher l'attaque adverse.

La nécessité absolue de la présence rapide de tous les avants
à l'endroit de la remise en jeu bien comprise, il importe de dire
que chaque joueur doit se placer judicieusement sur la ligne où
le ballon peut être lancé. La disposition des avants doit s'établir
dans le plus grand ordre, le premier arrivant se plaçant près de
la ligne de touche et les autres s'espaçant convenablement sur
le premier au fur et à mesure de leur arrivée.

Il arrive très souvent qu'on entende deux capitaines recommander ensemble à leurs hommes de marquer leurs adversaires
pendant une remise en jeu. De ces deux commandements, l'un
est certainement absurde et c'est celui du capitaine qui a le
bénéfice de la remise en jeu puisque le ballon parviendra très
probablement, par la suite, à l'un de ses équipiers, qui, obéissant, trouvera infailliblement devant lui un adversaire prêt à
s'opposer à son action.

En conséquence, il ne faut rechercher le contact d'un adversaire à la touche que lorsque la remise en jeu appartient au
camp ennemi et, dans le cas contraire, éviter autant que possible
le voisinage des opposants. Il est évident que l'application régu-
lière de ces deux principes opposés rend très rares les occasions
où un avant peut s'échapper seul à la touche, mais pour exceptionnelles que soient ces occasions, il faut au moins chercher
à les faire naître.

Quand un avant, qui naturellement attend la remise d'un de
ses partenaires, a réussi à se faire démarquer, il doit attirer, le
plus discrètement possible, l'attention du joueur chargé de
lancer le ballon ; ce dernier doit être d'ailleurs attentif à faire

bénéficier de la passe l'avant le mieux placé pour en profiter.

Il est utile de faire remarquer, à ce propos, que lorsqu'un joueur du camp auquel appartient la remise en jeu réussit à se faire démarquer, il y a un coupable dans le camp opposé, et celui-là est l'avant qui s'était placé concurremment avec l'un de ses partenaires pour marquer un seul adversaire, ou qui s'était posté pour avoir le terrain libre devant lui escomptant peut-être la trahison ou la folie subite du joueur opposé chargé de la remise en jeu.

Rien n'est plus simple que d'éviter cette faute et les grands désagréments qui en découlent ; il suffit de se dire quand, la remise en jeu appartenant au camp opposé, on s'aperçoit que l'on ne marque personne ou que l'on est second partenaire devant un seul adversaire, qu'un joueur opposé est certainement démarqué, et il faut, en conséquence, en rechercher le contact au plus tôt.

Lorsque le ballon, à la remise en jeu, parvient à un avant bien marqué par son adversaire, il n'a rien à espérer de bon d'une lutte entreprise pour forcer le passage en gardant le ballon dans ses mains ; la meilleure méthode qu'il puisse employer en pareil cas est de laisser le ballon aller à terre pour commencer à le dribbler. Ses partenaires doivent immédiatement se masser derrière lui pour faciliter la percée de la ligne adverse et se répartir ensuite de la façon indiquée au chapitre du dribbling.

Si, ainsi qu'il arrive quelquefois, l'avant qui reçoit le ballon a, en face de lui, un adversaire qui ne le marque pas de très près, il doit, plutôt que de commencer un dribbling, tâcher de gagner du terrain en envoyant d'un coup de pied le ballon en touche.

Les avants qui attendent la remise en jeu d'un de leurs partenaires ont un grand avantage à donner plus ou moins d'étendue à la ligne de remise en jeu suivant que la sortie en touche a été faite près ou loin des buts adverses.

Il est en effet facile à concevoir que plus les avants attaquants s'espacent sur la ligne de mise en jeu, plus leurs adversaires doivent éclaircir leurs rangs pour les marquer et, en conséquence plus leurs lignes de défense sont faciles à pénétrer.

Dans le cas d'une sortie en touche faite par des adversaires et proche de leur but, il est à recommander à chacun des avants attaquants de bien examiner, avant la remise en jeu, la position de leurs partenaires trois-quarts. Ils trouveront ainsi beaucoup d'occasions de les faire jouer très efficacement en leur passant le ballon s'il leur parvient.

Quand la remise en jeu appartient à une équipe qui est très menacée, les avants peuvent adopter une excellente disposition en se formant en ordre compact sur deux rangs. Celui d'entre eux qui recevra le ballon sera, de cette façon, très rapidement soutenu, et il aura d'autant plus de chances de pénétrer la ligne adverse.

Les règlements autorisant à arrêter de volée le ballon projeté directement en avant par les mains d'un adversaire, les avants qui ont un peu de présence d'esprit ont, lors des remises en jeu, quelques occasions de faire bénéficier leur équipe du coup franc qui récompense l'arrêt de volée.

LA MÊLÉE La mêlée est ordinairement formée par tous les avants des deux équipes qui, courbés et s'opposant en masse, épaules contre épaules, cherchent au moyen des pieds seulement à s'assurer la possession du ballon préalablement placé au centre de la mêlée, c'est-à-dire entre les deux premières lignes de chaque équipe.

La ligne d'avants qui profite le plus souvent de l'énorme avantage qu'est la possession du ballon est celle dont les hommes ont, par les dispositions qu'ils ont prises, le mieux combiné leurs efforts individuels.

FORMATION DE LA MÊLÉE La méthode la plus pratique pour former la mêlée est de disposer les avants sur trois lignes : trois joueurs en première ligne, deux en seconde ligne et trois en troisième ligne. Cette disposition adoptée, il est absolumeut nécessaire à chaque individualité de connaître exactement son rôle et d'en accomplir rigoureusement tous les actes. Pour cela il est interdit de s'écarter des préceptes que nous donnons comme faisant loi dans les meilleures équipes du Royaume-Uni, qui forment la mêlée avec huit avants.

Tous les avants doivent arriver le plus vite possible à l'endroit de la mêlée et se former très vite, mais dans le plus grand ordre, sur trois lignes.

Les joueurs de la première ligne se baisseront côte à côte en s'enlaçant de leurs bras pour ne laisser que juste la place nécessaire à la tête de chacun de leurs deux partenaires qui se placeront derrière eux. Ceux-ci se baisseront, s'enlaceront et intercaleront leurs têtes entre le joueur du centre de la première ligne, et chacun de ses flanqueurs, de telle façon qu'ils caleront solidement, avec leurs épaules, le haut des cuisses des joueurs de première ligne. Les joueurs de troisième ligne soutiendront, de la même façon, les deux hommes de seconde ligne.

Il est à recommander très spécialement aux joueurs qui forment la mêlée de former une masse aussi compacte que possible. Cette condition nécessaire est obtenue si chaque joueur enlace fortement son voisin et se tasse pour ainsi dire avec lui. Il faut bien avoir soin, pourtant, de ne gêner aucun mouvement de ses partenaires et, pour cela, on ne doit assurer le contact, avec son ou ses voisins, que par le bras passé sur leur dos. La main doit être ouverte et non pas crispée sur les vêtements et les joueurs de seconde et de troisième lignes doivent éviter surtout de saisir avec leur main libre la cuisse du joueur placé devant eux. L'idée qu'ils ont de maintenir ainsi plus fortement le contact est tout à fait fausse et ils empêchent tout mouvement utile de la jambe à laquelle ils s'accrochent.

Chaque avant français est habitué à avoir une place spéciale dans la mêlée. Cette méthode qui est un pis aller, puisqu'il serait infiniment préférable, pour la rapidité de la formation, que tous les avants fussent individuellement capables de bien jouer à n'importe quelle place, devrait au moins donner comme résultat certain la formation correcte de : trois, deux et trois. Pourtant il est très fréquent de voir des mêlées se former avec une première ligne de quatre joueurs cependant que les deux autres lignes restent naturellement dans le plus grand désarroi. La responsabilité de ce fâcheux état de choses incombe toujours au joueur qui s'est placé le dernier en première ligne et il n'a aucune excuse à invoquer, pas même celle d'être titulaire ordinaire de la première ligne car, s'il est assez fier de sa place pour ne jamais consentir à la céder, il lui faut s'arranger pour être constamment prêt à l'occuper sans que la rapidité de la formation s'en ressente et cela est bien plus important que toute considération d'amour-propre.

Donc chaque avant doit s'assurer, en prenant sa place dans la mêlée, qu'il n'est pas quatrième en première ligne, et s'il ne s'aperçoit de sa faute qu'après avoir pris position, il doit immédiatement se retirer et prendre place, le plus vite possible, dans celle des deux autres lignes qui est incomplète. Signalons, à ce propos, qu'il n'y a pas d'être aussi ridicule et aussi malfaisant qu'un avant qui, trouvant occupée la place à laquelle il se croit avoir les droits les plus sacrés, cherche à en tirer par force celui qu'il considère comme un usurpateur.

DISPOSITION
DE LA MÊLÉE

Les avants doivent, en formant la mêlée, se disposer, par rapport au sol, de façon à trouver en lui toute la base de leur résistance à la poussée adverse, et pour cela il leur est nécessaire de donner le plus d'obliquité possible à leur attitude par rapport au terrain (fig. 7).

La figure ci-dessous montre, en effet, et mieux que toute autre explication, que les trois lignes qui représentent la mêlée du

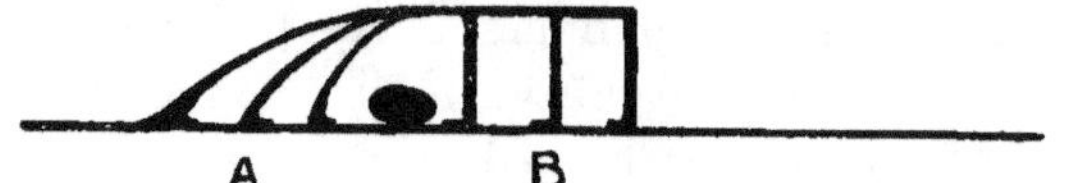

Fig. 7. — La meilleure position en mêlée.

camp A, sont disposées de façon à pouvoir aisément faire fléchir la résistance des lignes du camp B, dont les joueurs, par leur attitude, n'ont sur le sol qu'un point de pose qui n'offre aucun appui de résistance à la poussée adverse.

L'attitude que nous recommandons présente encore, aux joueurs qui l'adoptent, le grand avantage de leur permettre de toujours voir le ballon en mêlée, qu'il soit en leur possession ou dans les jambes des adversaires.

LA POUSSÉE
EN MÊLÉE

La seule manière de donner le maximum de la force à la poussée de huit avants est d'obtenir d'eux qu'ils agissent avec parfait ensemble. Chaque homme doit, avant tout effort, s'assurer qu'il est placé dans la mêlée aussi correctement que nous l'avons décrit ; puis, au moment où le demi annonce que le ballon est entré en mêlée, pousser immédiatement, de toutes ses forces, d'une façon continue, c'est-à-dire sans jamais cesser son effort.

Le point le plus important est, pour chaque individualité, d'avoir une confiance absolue dans l'efficacité de sa poussée et de travailler en toute conscience, patiemment, et en variant le moins possible son attitude générale. On évitera ainsi de disloquer la mêlée et on permettra en conséquence à chaque partenaire d'utiliser tous ses efforts.

Ces observations s'adressent surtout aux avants de deuxième et de troisième lignes, car les joueurs de première ligne ayant mission de s'emparer, avec le seul moyen de leurs jambes, du ballon qui vient d'être mis en mêlée, il est évident qu'ils ne peuvent en même temps coopérer également à la poussée de leurs partenaires. Ces derniers doivent donc pousser de façon à fournir aux trois hommes de première ligne, un point d'appui qui leur permettra de disposer d'une jambe quelconque, pour s'assurer la possession du ballon.

Un bon moyen de donner l'homogénéité à la poussée des avants en mêlée est d'habituer chaque joueur de deuxième et de troisième lignes à commencer son effort, au moment indiqué par le demi, non en déplaçant ses pieds sur le terrain, mais en raidissant progressivement ses jambes par le rapprochement des genoux préalablement écartés.

Beaucoup d'avants, joueurs de troisième ligne, s'imaginent faire merveille en se lançant de toutes leurs forces à leur place seulement au moment précis où ils voient le ballon entrer dans la mêlée. Cette façon de faire n'a pour résultat que de briser l'union des joueurs de seconde ligne et d'empêcher toute action collective des hommes de la troisième ligne.

Au résumé, *la mêlée doit être formée très rapidement mais sans précipitation et la combinaison des efforts individuels est absolument indispensable.*

LE TALONNAGE En formant une mêlée, l'objectif de chaque ligne d'avants est de s'assurer réglementairement la possession du ballon, soit pour le faire sortir de la mêlée au profit des demis, soit pour le garder entre les pieds et commencer un dribbling. Examinons la première de ces éventualités.

Nous avons dit que la tâche de se saisir du ballon revenait aux joueurs de première ligne. Ils devront s'y employer de la façon suivante : Si le ballon est mis en mêlée sur le côté droit, le joueur de première ligne de droite doit chercher à s'en emparer avec la jambe droite pour, s'il peut l'atteindre, le balayer en quelque sorte derrière les pieds de son partenaire qui est centre de première ligne. Celui-ci doit ensuite diriger le ballon directement arrière en le poussant avec la semelle de son soulier et non pas en le frappant du talon, cette mauvaise façon de procéder, trop souvent employée, renvoie, à peu près sûrement, aux adversaires le ballon que l'on fait ainsi rebondir sur les jambes des joueurs de seconde ligne.

Donc le centre de première ligne pousse le ballon entre les deux joueurs de seconde ligne qui procèdent de même pour le faire parvenir au joueur de troisième ligne dont la tête est passée entre eux, et c'est ce dernier qui doit compléter la manœuvre en poussant le ballon de telle sorte qu'il ne roule pas à plus d'un mètre derrière lui.

Il est extrèmement important, pour le succès de l'attaque par passes qui suit ordinairement une sortie de mêlée, que le ballon fasse très rapidement son chemin à travers les trois lignes d'avants, et qu'il sorte juste entre les jambes du joueur placé au centre de la troisième ligne. Pour cela chaque avant qui reçoit le ballon à ses pieds doit opérer avec le plus grand sang-froid pour lui assurer la bonne direction d'un seul geste de l'une ou de l'autre jambe, sans trépigner ainsi que le font de nombreux joueurs qui confondront toujours rapidité avec précipitation.

La recommandation que nous avons faite au joueur placé au centre de la troisième ligne de n'imprimer au ballon qu'une

force suffisante pour le faire rouler seulement à un mètre derrière
lui s'explique par le fait, trop souvent constaté, que le ballon
frappé trop fort est à peu près insaisissable pour le demi qui
l'attend.

La raison qui ordonne que le ballon sorte au centre de la
troisième ligne est que le demi auquel il parvient peut le jouer
efficacement, car il se trouve ainsi suffisamment hors de l'atteinte
de l'adversaire qui le marque.

Par contre, rien n'est plus désagréable pour un demi que
d'avoir à jouer le ballon lorsqu'il est sorti sur un des côtés de
la mêlée qui doit le servir. En effet, avant qu'il ait eu le
temps de ramasser le ballon, le demi adverse qui lui est opposé
a toute facilité pour le lui enlever par un coup de pied, ou pour
l'empêcher de le jouer utilement.

Si donc le ballon parvient, de la première ligne, entre les
pieds d'un avant de seconde ligne, ce joueur doit le ramener
entre lui et son voisin pour le faire parvenir, comme il a été
dit, aux avants de troisième ligne et bien se garder de le faire
sortir sur le côté.

Quand, le trajet du ballon dans la mêlée ayant été laborieux,
les joueurs de troisième ligne s'aperçoivent que le demi adverse
est hors jeu et sur le point de tomber sur leur partenaire qui
attend le ballon, ils doivent retarder la sortie de mêlée jusqu'au
moment où l'adversaire recule pour éviter d'être pénalisé. Du
reste, qu'il s'agisse de sortir le ballon de la mêlée ou de l'y
garder, les avants sont dirigés par les demis et ils doivent exécuter immédiatement ce que ces derniers leur demandent car,
mieux que personne, ils sont placés pour décider ce qu'il faut
faire en semblable cas.

Au moment où le ballon arrive entre les pieds du joueur centre
de la troisième ligne, celui de ses voisins, qui est placé du côté
où le demi adverse vient pour se précipiter sur le joueur qui

attend le ballon, peut bien faire en déplaçant son corps à l'extérieur de la mêlée. Cette attitude rend plus difficile la tâche du demi opposé en l'obligeant à faire un crochet pour arriver sur le bénéficiaire de la sortie de la mêlée.

Cette façon de procéder n'est toutefois recommandable que si la mêlée adverse est nettement repoussée ; au cas contraire, il ne saurait être question que de pousser avec ensemble et continuellement jusqu'au moment où le demi annonce que le ballon est entre ses mains.

Les avants ont presque tous la détestable habitude de se disperser trop tôt et, bien souvent une mêlée qui s'était assuré la possession du ballon perd tout son bénéfice parce qu'elle cesse son effort ou se désagrège avant de l'avoir fait correctement parvenir au demi ; il en résulte que la poussée, restée plus homogène chez l'adversaire, fait reculer en désordre les avants sur leur demi qui, ainsi bousculé, est dans l'impossibilité de jouer utilement le ballon.

Dès que les avants en mêlée apprennent par leur demi que le ballon est sorti, ils doivent se relever, examiner très rapidement la situation et se répartir sur le terrain pour contribuer, avec leurs lignes arrières, à l'attaque ou à la défense.

Dans le premier cas, les avants de dernière ligne, plus favorisés pour se dégager rapidement, peuvent se trouver en action au moment même où leurs trois-quarts, en possession du ballon, arrivent à leur hauteur et concourir avec eux à l'attaque par passes. Les avants de deuxième et de première ligne doivent suivre le mouvement général, de préférence en groupe et parallèlement à la ligne de touche, pour profiter éventuellement d'un coup de pied de déplacement donné par le trois-quart de l'aile opposée qui jugerait bon de terminer son offensive de cette façon.

Dans la défense, c'est-à-dire si le ballon est entre les mains des demis et des trois-quarts adverses, les avants de dernière ligne ont à se lancer au plus vite sur les adversaires qui commencent la passe, cependant que leurs partenaires des deux premières lignes se rendent à toute vitesse vers la touche où est dirigée la série de passes des adversaires pour renforcer la défense toujours plus en péril à cet endroit.

TOURNER LA MÊLÉE Lorsque le capitaine décide de faire jouer ses avants préférablement à ses trois-quarts : soit que la mêlée se forme trop près de sa ligne de but pour qu'il puisse risquer une attaque par passes, soit que le ballon, trop glissant, ne se prête pas à être manié, soit encore que les joueurs arrières de l'équipe fassent montre d'une grande maladresse, il commande aux avants de tourner la mêlée.

Cette manœuvre est très difficile à bien exécuter et sa réussite exige un ensemble absolu qui ne s'acquiert que par une grande habitude ; théoriquement, elle s'explique ainsi :

Il faut d'abord, avant tout, s'assurer la possession du ballon et l'attirer entre les pieds des joueurs de deuxième et de troisième lignes pour qu'il soit absolument hors d'atteinte des adversaires. Puis, au commandement de : « tournez la mêlée », à droite, par exemple, l'avant de première ligne, qui est à l'extérieur du côté droit, oblique son corps pour pousser vers la gauche le joueur centre de la première ligne des adversaires. L'avant centre de la mêlée qui fait exécuter le mouvement tournant pivote pour ne pas se séparer de son partenaire de droite cependant que son voisin de gauche cède peu à peu à la pression adverse et favorise ainsi le mouvement.

Le joueur de gauche de seconde ligne se prête au mouvement de recul du joueur placé devant lui mais en tenant compte, et c'est le point très difficile, que ce mouvement doit être très lent et que son exécution doit encore dépendre de la position du

centre avant. En même temps le deuxième joueur de seconde
ligne pousse vigoureusement dans la direction donnée par
l'avant droit de première ligne.

L'avant droit de troisième ligne pousse également de toutes
ses forces dans la même direction, son voisin centre suit le
mouvement, en gardant bien le ballon dans ses pieds, tandis
que son partenaire de gauche, sans dépendre du mouvement des

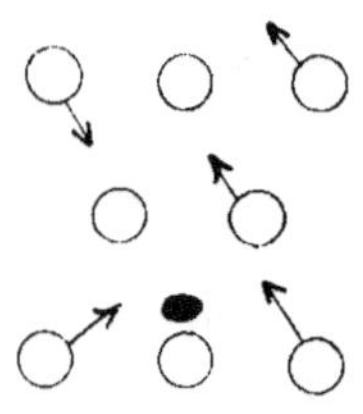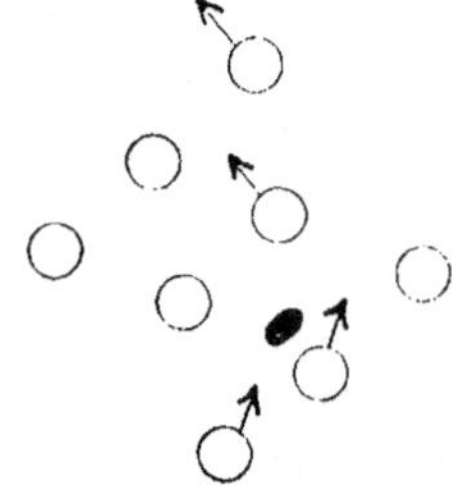

Fig. 8. — 1re phase de la mêlée tournée.   Fig. 9. — 2e phase de la mêlée tournée.

autres, pousse dans le sens de la diagonale de la mêlée. La
figure 8 indiquera peut-être mieux encore dans quel sens les
avants doivent opérer.

En continuant progressivement les mouvements décrits, les
avants repousseront leurs adversaires sur la gauche de telle
sorte que la mêlée se présentera dans la position de la figure 9.

Au moment où la mêlée sera placée dans le sens de la largeur du terrain, les joueurs de troisième ligne s'en sépareront
pour emmener le ballon avec leurs pieds et commencer un dribbling. Ils devront toutefois, avant de prendre une direction
parallèle à la touche, s'écarter un peu sur la droite de la mêlée
pour ne pas se jeter, dès le début de leur action, dans les
joueurs qui s'en détachent.

Les joueurs de seconde et de troisième lignes doivent continuer leur poussée quelques secondes encore pour empêcher leurs adversaires de se dégager et faire obstacle à l'action des dribbleurs ; après quoi ils se relèveront et rejoindront ces derniers à toute vitesse pour prendre part au dribbling ainsi qu'il a été décrit dans un précédent chapitre.

La figure 10 donne une idée de la fin du mouvement et de la direction générale à prendre. Ajoutons que cette théorie de la mêlée tournée a été décrite par le très célèbre avant Alexan-

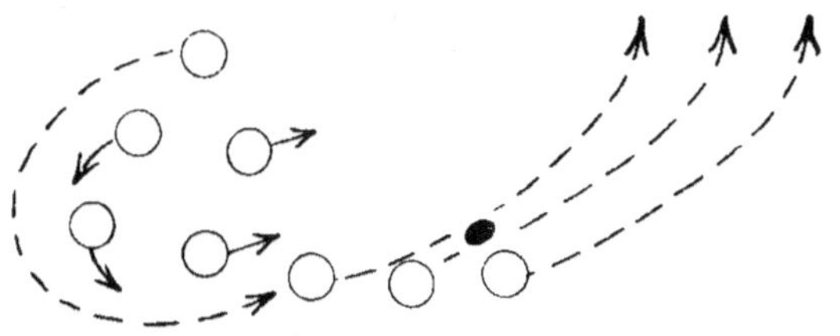

Fig. 10. — 3º phase de la mêlée tournée.

der, qui eut plusieurs fois l'honneur de commander le quinze représentatif d'Angleterre.

Le seul moyen de se défendre, contre une semblable manœuvre, est, pour tous les avants, de pousser continuellement, aussi fort que possible, dans la direction où se trouve le ballon chez les attaquants. Tout joueur qui aura eu le soin de se placer en mêlée comme nous l'avons indiqué pourra utilement diriger ses efforts, et s'il en est de même pour tous ses partenaires, la tactique adverse ne sera pas très dangereuse car, répétons-le, elle est d'un emploi plein de difficultés.

Insistons encore sur ce point qu'il ne faut pas songer à tourner la mêlée avant d'avoir mis le ballon tout à fait en sûreté entre les deux dernières lignes.

En procédant autrement, on court les plus grands risques de

voir le ballon retourner chez les adversaires qui bénéficient ainsi de tous les efforts dirigés contre eux.

LE JEU DES AVANTS DANS LA DÉFENSIVE Lorsque le coup d'envoi appartient au camp ennemi, le capitaine doit disposer ses huit avants de telle sorte qu'il soit possible à l'un d'eux de se trouver au point de chûte du ballon avant les adversaires.

Il est utile, en ce cas, que chaque homme ait sa place désignée à l'avance.

Ceux des avants, reconnus comme étant d'une habileté manuelle moins grande et dont les coups de pied laissent à désirer, se placeront au nombre de trois en front, sur une grande partie de la largeur du terrain, à la distance réglementaire de la ligne sur laquelle est donné le coup d'envoi. Deux autres se tiendront à sept ou huit mètres en arrière, et les trois les plus réputés pour leur adresse et pour la précision et la longueur de leurs coups de pied, se disposeront en dernière ligne de défense sur la partie du terrain qui semble, d'après la formation adverse, la plus menacée.

La figure 11 donne une idée de l'aspect que peuvent présenter, au moment du coup d'envoi, deux lignes d'avants correctement formées pour l'attaque comme pour la défense.

Le mieux à faire, pour le joueur qui peut reprendre le ballon avant d'être pressé par les adversaires, est de le retourner dans le camp ennemi par un coup de pied qui trouvera la touche le plus loin possible.

Dans le cas où les adversaires arrivent presque en même temps que le ballon à son point de chute, l'arrêt de volée s'impose à l'homme favorablement placé pour le tenter ; si, troisième éventualité, le coup d'envoi a été donné de telle sorte que le ballon décrive une trajectoire très tendue pour être ensuite dribblé, tous les avants doivent très rapidement s'opposer à l'attaque.

La défense contre le dribbling est tout à fait incomprise des avants français, qui emploient presque toujours un très mauvais système qu'on pourrait dire : des petits paquets.

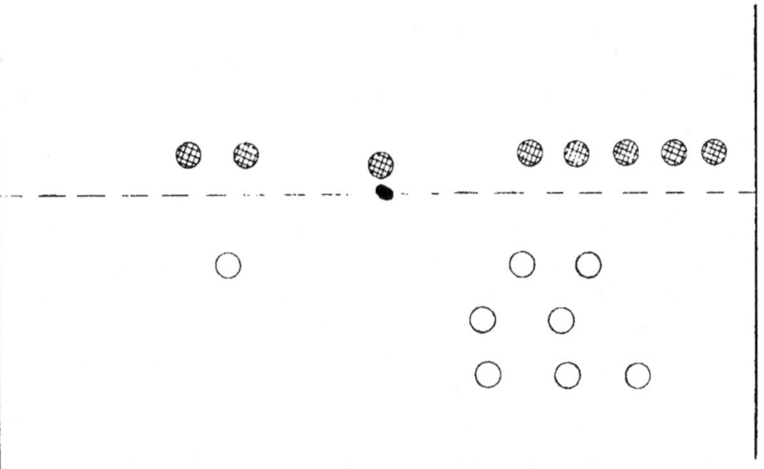

Fig. 11. — Bonne disposition des avants au coup d'envoi.

Combien de fois n'a-t-on pas vu, en effet, deux ou trois avants s'opposant seuls à l'effort de huit adversaires, cependant que les autres attendaient à quelques mètres derrière une invraisemblable occasion de jouer le ballon.

Il n'est pas nécessaire de raisonner longtemps pour concevoir le résultat de cette manœuvre. En un clin d'œil, les huit dribbleurs chambardent les deux ou trois adversaires consciencieux, auxquels ils ont tout d'abord affaire, passent ensuite en trombe sur l'échelonnage de la réserve, et voilà une équipe en bien mauvaise posture.

Donc, à l'attaque par masse, répondez par une défense très compacte et très clairvoyante. Cette dernière recommandation est extrêmement importante, car beaucoup d'avants font perdre à leur équipe une quantité d'occasions favorables, en disputant sans précision avec leurs pieds le ballon dribblé par les adversaires. Il résulte de ces mêlées confuses, où les tibias pâtissent, que le ballon sort absolument au hasard pour l'un ou l'autre camp. Il est pourtant facile de réserver, presque sûrement, à sa propre équipe ce précieux avantage, mais il faut agir avec le plus grand sang-froid.

Dans toutes ces circonstances, l'avant qui se trouve le plus près du ballon doit faire son possible pour le garer de la fureur adverse, et il y réussira presque toujours en agissant sans précipitation et d'un mouvement sûr de l'une ou de l'autre jambe. Il est naturellement nécessaire, pendant cette opération, que celui qui la fait soit soutenu de toutes les forces de ses sept partenaires, groupés sans désordre pour s'opposer à la poussée adverse. Ces joueurs de soutien devront, en outre, avoir bien soin de laisser sortir sans retard le ballon à leurs demis ou, s'il est jugé préférable par leur capitaine, de commencer un dribbling ainsi qu'il a été indiqué à propos de la mêlée tournée.

Au sujet de la façon dont les avants doivent arrêter un adversaire, il est nécessaire de les convaincre que cet acte est individuel et non collectif. Il est très mauvais que deux ou trois hommes se précipitent sur un seul ennemi et le tiraillent ensemble dans tous les sens. Donc, quand un joueur voit un de ses partenaires tenir un équipier du camp opposé, qu'il ne s'attarde pas à écraser de tout son poids l'ami avec l'ennemi, ainsi que cela se produit fréquemment, mais qu'il cherche autre part un travail plus utile et une gloire plus grande.

Avant de terminer le chapitre consacré aux avants, je voudrais les mettre en garde contre une fâcheuse tendance, commune à

MARQUE D'UN ARRÊT DE VOLÉE. — Toute l'attention du joueur qui cherche à marquer un arrêt de volée doit être fixée sur le ballon. Elle ne doit jamais en être détournée.

DISLOCATION D'UNE MÊLÉE. — Les avants battus en mêlée et désunis par leurs adversaires doivent se reformer au plus vite pour faire opposition en masse et en ordre à l'attaque.

Sortie de mêlée. — Le demi de mêlée passe le ballon au demi d'ouverture.

Un arrêt. — Bonne position à prendre pour exécuter sans danger un arrêt.

Attaque par passes des trois quarts gallois. — Le passeur a accompli son acte avant d'être arrêté et peut, en conséquence, en suivant le ballon, obtenir un retour de passe.

beaucoup d'entre eux, qui les incite à servir avec mauvaise volonté, et quelquefois même plus du tout, leurs demis maladroits ou malheureux en quelques occasions.

Qu'ils se rappellent qu'aucun joueur n'est absolument impeccable et que, plus que tous, les demis sont exposés à faire des fautes dont les avants eux-mêmes sont souvent inconsciemment responsables ; — je citerai pour exemple le cas où une mêlée recule au moment précis où elle fait sortir le ballon, et il en est bien d'autres — en conséquence, il leur faut ouvrir un assez large crédit à leurs partenaires des lignes arrières et garder l'espoir que la réussite succédera aux tentatives malheureuses.

Au résumé, le jeu des avants peut être compris ainsi :

1° Suivre sans défaillance et le plus rapidement possible le ballon, pendant toute la partie ;

2° Travailler toujours très vigoureusement ;

3° Soutenir les partenaires sans être une cause de désordre ;

4° Ne pas rechercher les occasions de briller individuellement, en jouant un jeu de fantaisie ;

5° Suivre exactement et immédiatement les indications des demis, pendant le travail de la mêlée.

LA TACTIQUE DU RUGBY

LE JEU
DES DEMIS

Un international anglais très réputé, F. Mitchell, et le trois-quart gallois Gwynn Nicholls plus célèbre encore, se sont exprimés au sujet des demis en termes assez pittoresques pour être cités.

Le premier déclare que le demi reçoit plus de coups de pied que de pièces de dix centimes, et le second lui prescrit de se mouvoir à la façon d'un petit pois dans une poêle à frire.

Ces deux appréciations indiquent très nettement que le poste du demi n'est pas spécialement destiné aux amateurs de longues et calmes méditations, mais qu'il doit être tenu par un joueur très vif, et dont la continuelle attention soit également rapide à saisir toutes les opportunités que lui donne le travail des avants.

Les demis sont, en effet, chargés de faire fructifier le labeur des joueurs de première ligne, en passant le ballon qu'ils ont reçu d'eux, à la fin d'une mêlée, aux trois quarts qui forment la véritable division d'attaque.

Il appartient encore aux demis de remettre le ballon en jeu lorsqu'il sort en touche, mais si, comme on le verra plus loin, cette opération demande de l'adresse et de l'application, ses conséquences sont infiniment moins importantes et son exécution est incomparablement moins difficile que la manœuvre que les demis ont à accomplir pendant et après la mêlée.

Cette manœuvre présente des complications, qu'on peut dire infinies et. dans le football actuel, elle constitue indiscutablement toute la base stratégique de l'offensive. Le mécanisme de toute la machinerie est pourtant extrêmement simple ; il est, en effet. tout entier dans l'acte qu'un demi (demi de mêlée), placé près de la mêlée, accomplit en passant le ballon qui lui parvient à son partenaire (demi d'ouverture), placé en arrière de lui et qui en fait, à son tour, profiter les trois-quarts.

Toute l'immense variété des combinaisons est créée par les conditions de temps et de lieu dans lesquelles les demis s'acquittent de leurs fonctions d'intermédiaires entre les avants et les trois-quarts ; mais si l'on considère que toutes leurs opérations doivent se dérouler avec une absolue précision. en un laps de temps très restreint, et malgré l'activité de la défense adverse, on conçoit facilement que les demis ont besoin d'une faculté d'initiative très rapide et très sûre, à laquelle doivent répondre des moyens physiques tout à fait similaires.

Il importe, tout d'abord, de considérer que la première condition absolument nécessaire au succès de leurs opérations est leur parfaite entente. c'est-à-dire qu'ils aient sur le jeu les mêmes conceptions et que leurs actes se combinent dans l'attaque et dans la défense. pour se compléter sans confusion.

Cette parfaite entente des deux joueurs chargés d'assurer les relations entre les avants et les trois-quarts est à ce point nécessaire, qu'il faut conseiller, à un capitaine disposant de deux paires de demis d'inégale valeur. mais dont chacune s'entend à jouer un jeu différent, de remplacer entièrement la première paire par la seconde s'il es accidentellement privé des services de l'une de ses deux meilleures unités.

Bien mieux, on a vu souvent des demis de toute première

classe, réunis occasionnellement dans la même équipe, faire la plus mauvaise exhibition devant la paire adverse dont l'évidente infériorité individuelle était plus que suffisamment compensée par l'harmonie d'un commun accord.

Le rôle des demis est tellement complexe et varié et peut être bien interprété de tant de façons différentes, qu'il est excessivement rare que deux bons joueurs inconnus l'un à l'autre fassent des choses profitables pendant leurs premières parties d'accouplement. Il est donc à recommander aux capitaines de faire un assez large crédit aux demis nouvellement conjoints, et de ne pas remplacer constamment l'un ou l'autre dans l'espoir irraisonné de trouver enfin deux merles blancs.

LA PASSE DU DEMI DE MÊLÉE AU DEMI D'OUVERTURE — Le point sur lequel les demis s'entendent le plus difficilement est la façon dont le joueur qui saisit le ballon à sa sortie de la mêlée le passe à son partenaire d'ouverture. A ce sujet, on peut assurer que celui-ci, jouant pour la première fois avec l'homme de la mêlée, manquera sept de ses passes sur dix et ne trouvera dans la partie d'autre agrément que d'entendre la musique spécialement exécutée en son honneur par le chœur inharmonieux mais prodigieusement véhément, des avants et des trois-quarts.

Pour que les deux demis s'élèvent sur ce point à un degré d'habileté suffisant il leur faut, en dehors des parties, s'entraîner à se passer réciproquement le ballon placé à terre comme s'il sortait de la mêlée. Chacun des deux partenaires prendra à tour de rôle le poste de demi de mêlée et celui de demi d'ouverture, car il est extrêmement avantageux pour la multiplicité des combinaisons que l'un ou l'autre demi puisse également bien jouer à la mêlée et en dehors.

Le plus souvent, le demi qui attend le ballon derrière les

avants sera marqué de si près par son adversaire qu'il aura
tout juste le temps de passer sans préparer son acte. Il faut
donc que cet acte soit préalablement étudié et répété jusqu'à
ce qu'il devienne un geste à peu près mécanique qui, toujours
d'une même force, fasse suivre au ballon, dès sa sortie de la
mêlée, une même trajectoire dans toutes les occasions semblables,
de telle sorte que le partenaire d'ouver-
ture ait le maximum des chances pour bien
accueillir la passe.

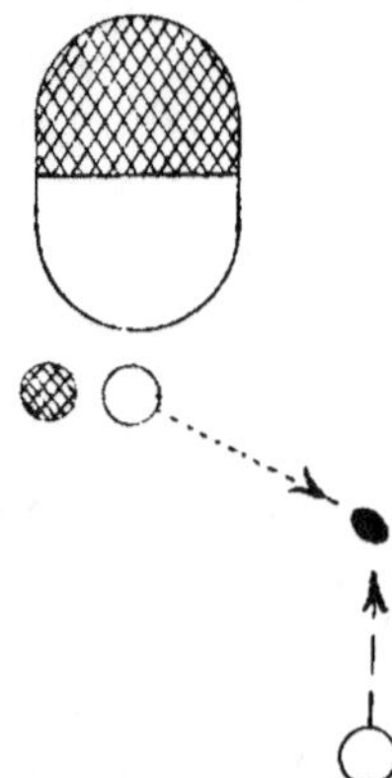

Fig. 12. — Passe du
demi de mêlée à son
partenaire.

La meilleure façon de procéder pour un
demi de mêlée, ainsi très pressé par son
adversaire, est de saisir le ballon aussitôt
qu'il sort, entre les jambes des avants de
dernière ligne et de l'adresser à son partenaire d'ouverture, ainsi qu'il a été indiqué,
sans se relever, sans bouger les jambes, en
faisant simplement pivoter sur les hanches
la partie supérieure du corps dans la direction de la passe, et en balayant en quelque
sorte d'un seul mouvement le ballon vers
son partenaire.

Les avantages de cette attitude du demi de
mêlée sont : 1° que sa passe part plus tôt que s'il se relevait entièrement ; 2° que le ballon partant de terre derrière la mêlée
échappe à la vue des avants adverses qui, relevés, ne savent pas
immédiatement de quel côté ils doivent s'élancer pour empêcher
le commencement de l'attaque ; 3° que même si le demi adverse
se jette sur lui au moment précis où il prend le ballon, il lui est
relativement facile de garder une suffisante liberté des bras
pour établir sa passe.

Comme il est de la plus grande importance, lorsqu'il s'agit
d'une attaque par passes, que le ballon sorti de la mêlée parte

au plus tôt et le plus rapidement possible vers le but adverse,
le demi d'ouverture s'exercera toujours à se lancer au-devant
de la passe de son partenaire. Pour cela il lui faudra juger avec
une grande précision l'instant propice où il devra commencer
sa course dans la direction convenue avec ce dernier. Le lieu
et le moment les plus favorables pour commencer ce mouvement sont, pour le demi d'ouverture qui est assuré de la
sortie de mêlée pour son partenaire, de se placer à six ou sept
mètres de celui-ci et de s'élancer, à l'instant où il va saisir le
ballon, pour recevoir la passe à moitié chemin à peu près de la
distance qui le séparait du joueur de mêlée, ainsi que le montre
la figure 12.

L'entraînement que donnent les parties hebdomadaires est
absolument insuffisant à donner, à deux demis, l'accord qui leur
est nécessaire pour bien mettre en pratique cette théorie qui
est la plus grosse clef de leur arsenal. En s'exerçant plusieurs
fois par semaine, comme nous l'avons dit, ils obtiendront en
moins de deux mois un résultat qui nécessiterait, autrement, un
travail commun de plusieurs saisons.

LE ROLE DES DEMIS DANS L'ATTAQUE

Les théoriciens anglais sont très partagés au sujet des qualités que l'on doit, entre toutes, considérer chez un demi. Les uns se déclarent pour les qualités d'attaque et les autres pour les qualités de défense et, naturellement, tout le monde est d'accord pour souhaiter, au même joueur, des moyens d'offensive et de défensive également excellents.

Cependant, comme la perfection n'est pas de ce monde et
que l'on a très souvent à choisir, pour nommer un titulaire au
poste de demi, entre deux joueurs différemment doués, l'un très
dangereux pour les adversaires dans l'attaque et l'autre impeccable dans la défense, il faut bien prendre une décision.

Donc, en considérant : 1° l'esprit même du jeu, qui est plutôt de marquer des points contre les adversaires que de les empêcher d'en marquer ; 2° la grande variété des moyens d'attaque et la simplicité relative des procédés de la défense ; 3° que la meilleure manière de n'avoir pas ou peu à se défendre est d'attaquer le plus souvent possible, il est, à notre sens, plus avantageux de choisir celui des deux hommes qui a le plus d'aptitude pour la tactique offensive.

Cela posé en règle générale, nous allons étudier spécialement, en premier lieu, les rôles des deux demis placés derrière une mêlée victorieuse, c'est-à-dire qui a pu obtenir la possession du ballon et qui le fait ensuite correctement sortir.

Avant tout, il nous faut signaler que le demi peut avoir sa part dans la victoire des avants. Le succès de ces joueurs peut être très favorisé par l'acte judicieux du demi chargé de placer le ballon entre les deux premières lignes de mêlée de chaque équipe.

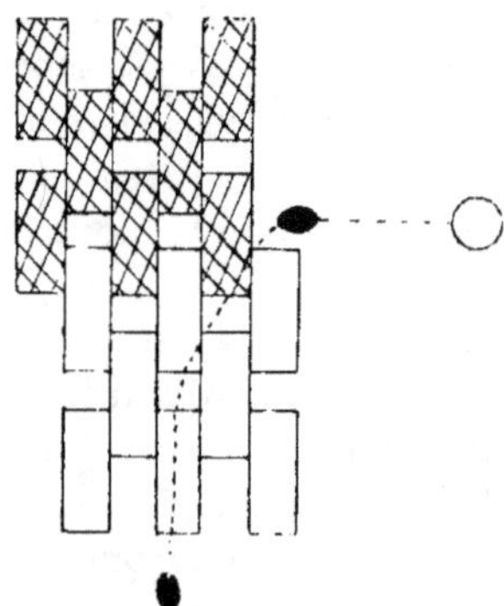

Fig. 13. — La mise en mêlée.

En obéissant strictement au règlement qui lui prescrit de placer le ballon exactement au centre de la mêlée, un demi peut pourtant avantager son équipe et il suffit, pour s'en rendre compte, de considérer deux choses : 1° Lorsqu'une mêlée est formée, elle s'équilibre constamment par un balancement d'avant en arrière ; par conséquent, les avants qui repoussent même légèrement leurs adversaires, au moment précis où le ballon pénètre en mêlée, sont avantagés pour le talonnage. — 2° L'enchevêtrement des six joueurs opposés en première ligne donne à la mêlée une formation telle que chaque camp a un côté en saillie sur le camp adverse ; si donc, au moment voulu, le demi met le ballon en mêlée du côté où ses avants débordent sur leurs adversaires il les avantage encore, car l'objet convoité est ainsi disputé par plus de jambes amies que de jambes ennemies. La figure 13 complète cette explication.

Il est très peu de demis qui mettent en pratique cette théorie et c'est dommage, car elle procure, licitement, des bénéfices certains, et une ligne d'avants ainsi servie en mêlée a les plus grandes chances d'obtenir la possession du ballon, à moins naturellement qu'elle ne soit tout à fait inférieure à ses opposants.

Il nous faut encore signaler, au sujet de la mise en mêlée, l'erreur commune à beaucoup de demis qui s'imaginent qu'il leur appartient exclusivement de remettre le ballon en mêlée lorsque la faute involontaire qui a nécessité ce mode de remise en jeu a été commise par les adversaires. Aucun règlement n'indique précisément le camp qui a le droit de fournir le joueur chargé de la mise en mêlée. A notre sens, il y a là une lacune à combler. Étant donnés les avantages licites que nous avons expliqués, il semble plus normal que l'occasion d'obtenir ces avantages soit donnée à l'équipe qui n'a pas causé l'arrêt du jeu.

En attendant que le règlement soit amendé sur ce point, nous recommandons à tout joueur placé, au moment où l'arbitre commande une mêlée, auprès du ballon, de le ramasser au plus vite pour le donner au demi de son camp qui pourra, comme nous l'avons expliqué, grandement favoriser ses avants.

De très nombreux demis favorisent irrégulièrement leur équipe en plaçant le ballon en mêlée entre la première et la seconde ligne de leurs avants ; d'autres, plus subtils, lancent le ballon très fortement, de telle sorte qu'il rebondit sur les tibias des joueurs adverses de première ligne pour parvenir ensuite entre les jambes des joueurs favorisés.

Ces deux procédés, dont le dernier est assez souvent employé par certains demis gallois, sont également condamnables et, outre que nous ne saurions approuver l'emploi de méthodes contraires à l'esprit du jeu et à ses règlements, nous conseillons aux demis trop malins de s'abstenir de les mettre en pratique, en raison des pénalités auxquelles ils s'exposent et qui peuvent causer pour leur équipe une défaite peu honorable.

LE JEU DU DEMI DE MÊLÉE Le demi de mêlée doit absolument, et dans tous les cas, indiquer à ses avants le côté par lequel le ballon pénètre dans la mêlée, et dès ce moment il lui faut déployer la plus grande activité pour surveiller le trajet du ballon entre les jambes des avants de chaque camp.

Il doit renseigner d'une façon très claire et très concise ses avants sur la position du ballon, leur indiquer, de la même manière, le moment favorable pour le faire sortir, les prévenir lorsqu'il l'a entre les mains et lorsqu'il sort aux demis adverses, et les instruire sur la façon dont ils doivent combiner leurs efforts pour tourner la mêlée à droite ou à gauche ou pour empêcher une semblable manœuvre des adversaires.

C'est pendant cette période du jeu que le demi doit se mouvoir « comme un petit pois dans la friture », et pourtant il lui faut bien se garder en suivant le trajet du ballon, s'il est dans les jambes adverses, de jamais le dépasser ou sinon il est hors jeu et punissable par l'arbitre, qui est seul juge si l'acte irrégulier a été commis volontairement ou non.

Dans le premier cas, jamais un coup franc n'a été plus mérité ; dans le second cas, c'est une peine trop sévère et l'arbitre ne devrait jamais l'imposer quand il voit que le demi, s'apercevant de sa faute seulement après l'avoir commise, va se reculer pour se remettre en jeu. Toutefois, le jugement de l'arbitre est très délicat et il est certain que sa sévérité à ce sujet est préférable à une indulgence qui autoriserait les plus grands abus.

Certains demis, voyant leur adversaire se précipiter sur eux au moment où ils vont se saisir du ballon, et jugeant qu'ils n'auront pas le temps de le passer à leur partenaire, font rentrer d'un coup de pied le ballon dans la mêlée d'où il vient de sortir.

Il arrive ainsi que le demi adverse est très évidemment hors jeu, et si la manœuvre a échappé à la clairvoyance de l'arbitre, il sera presque certainement pénalisé d'un coup franc. Si, au contraire, l'arbitre s'est aperçu du stratagème employé contrairement aux règlements, il lui faut, en conscience, punir du coup franc le trop roublard auteur de la ruse.

Bien souvent, comme nous l'avons dit au sujet de la passe à la sortie de mêlée, le demi qui reçoit le ballon des avants est marqué de très près et il n'a alors d'autre ressource que de passer immédiatement à son partenaire d'ouverture ainsi que nous l'avons indiqué.

Pourtant, si le demi de mêlée exécutait, au bénéfice du demi d'ouverture, un mouvement que l'invariable position réciproque de ces deux partenaires ferait toujours prévoir aux adversaires, la défensive de ces derniers serait très facilitée en raison que le point de départ de l'attaque leur serait constamment indiqué. Il est donc nécessaire que les deux demis attaquants s'entendent à chercher des stratagèmes pour tromper la vigilance des opposants.

L'un des procédés les plus pratiques pour obtenir ce résultat consiste, pour le demi d'ouverture, à passer très rapidement du côté de la mêlée opposé à celui où il se tenait pendant le talonnage, pour recevoir la passe de son partenaire préalablement prévenu.

La figure 14 montre l'heureux résultat d'une semblable

manœuvre. Le demi d'ouverture défendant, trop attentif au travail même de la mêlée, ne s'est pas aperçu que son adversaire direct avait, pendant ce temps, changé de position, et il n'a plus, au dernier moment, qu'à constater sa propre inutilité et le péril que court sa ligne de trois-quarts attaquée par les trois-quarts opposés renforcés du demi qui s'est affranchi de son arrêt.

Le succès de la tactique des demis attaquants dépend en très grande partie de leur entente.

C'est au demi d'ouverture, mieux placé que son partenaire pour se rendre compte des dispositions adverses, qu'appartient de donner le signal qui, d'après les conventions établies, commande cette manœuvre. Ce signal doit nécessairement être aussi discret que possible pour échapper à l'attention des

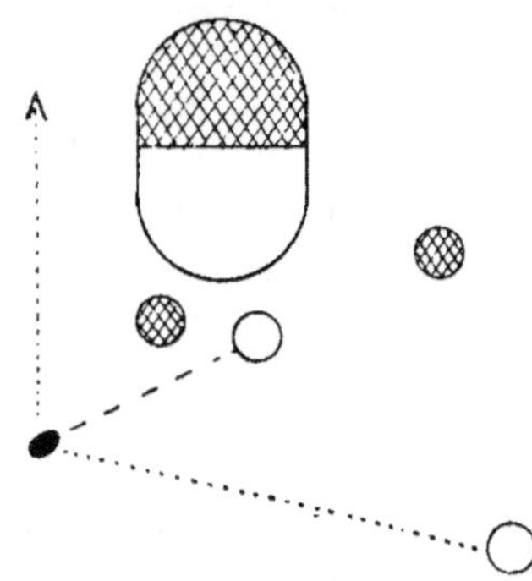

Fig. 14. — Changement de position
du demi d'ouverture.

adversaires. Un geste vaut mieux qu'une parole et si, au moment même de commencer le changement de direction dont il a donné le signal, le demi d'ouverture se rend compte que, pour une raison quelconque, il est certainement plus avantageux de renoncer à employer cette tactique, il doit, par un appel très bref et très net, également convenu, prévenir le demi de mêlée du nouveau changement de programme pour ne pas l'exposer à faire une passe dans le vide.

A ce propos, il convient de faire remarquer à quel degré d'habileté arrive un demi capable de faire une passe précise non à l'endroit où il voit son partenaire en place, mais au point indéterminé où le joueur d'ouverture rencontrera le ballon dans sa course.

Deux demis, bien servis par leurs moyens physiques, possédant l'intelligence du jeu et ayant en outre, une longue habitude de leur collaboration, exécuteront presque toutes leurs
combinaisons avec une rapidité et une précision déconcertantes,
sans qu'il soit possible, pour les autres joueurs et pour les spectateurs, de se rendre compte des procédés qu'ils emploient
pour se prévenir l'un et l'autre de leurs actes les plus spon-
tanés.

La raison en est simplement qu'ils agissent suivant leur ins-
piration sans se donner pour ainsi dire aucune indication, car ils
en sont arrivés à posséder de toutes les péripéties d'une partie
une conception tellement semblable qu'ils pressentent, avec une
certitude parfaite, leurs mouvements réciproques et qu'ils
agissent l'un pour l'autre en conséquence.

Cette explication abstraite d'un fait très réel donnée, examinons à présent le cas où le demi de mêlée n'est pas gêné
par son adversaire, au moment précis de la sortie du ballon.

Dans cette occasion qui se présente assez fréquemment, soit
par suite d'un talonnage très rapide des avants, soit que le demi
adverse ait manqué d'activité, le demi de la mêlée victorieuse
peut faire beaucoup mieux que de se débarrasser aussitôt du
ballon, au profit de son partenaire d'ouverture.

Retenons, à ce propos, que sauf dans des cas exceptionnels
que nous examinerons par la suite, un joueur ne gagne rien
et peut faire perdre beaucoup en passant le ballon sans être
directement menacé par un adversaire.

Donc, si le demi de mêlée est libre quand il saisit le ballon,
il lui faut chercher à gagner personnellement du terrain en tournant la mêlée à droite ou à gauche, suivant les indications de
son partenaire d'ouverture mieux placé, nous l'avons dit, pour
juger le côté le plus favorable au mouvement offensif.

Le joueur d'ouverture peut encore donner à son partenaire le signal de partir avec le ballon dans le cas où il s'aperçoit que le demi d'ouverture de la mêlée opposée, pensant bien faire, vient directement sur lui-même, au lieu de marquer le joueur qui va faire la passe, espérant gagner du temps en arrêtant non l'homme qui a le ballon, mais celui qu'il croit devoir le recevoir ou pensant encore intercepter la passe entre les deux demis attaquants. Les figures 15 et 16 complètent les explications données sur ces deux cas.

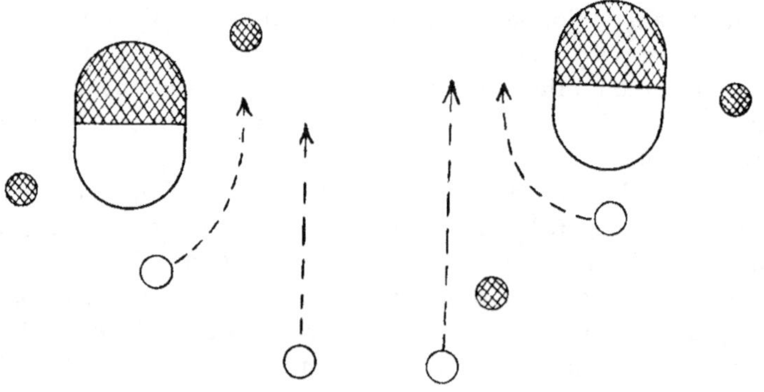

Fig. 15. — Attaque personnelle du demi de mêlée. 1er cas.

Fig. 16. — Attaque personnelle du demi de mêlée, 2e cas.

1er CAS : *Les deux demis du camp quadrillé n'ont pas réussi à approcher suffisamment le demi de mêlée du camp blanc, lequel peut personnellement gagner du terrain* (fig. 15).

2e CAS : *Le demi de mêlée du camp blanc, prévenu par son partenaire d'ouverture que son adversaire direct ne le marque pas et cherche à intercepter la passe, garde le ballon et court jusqu'au moment d'être personnellement menacé par un autre adversaire* (fig. 16).

Il est presque inutile d'ajouter que, dans chacun de ces cas, le joueur d'ouverture doit suivre son partenaire de telle façon qu'il puisse accueillir le ballon quand il jugera bon de le passer.

Nous avons dit que les deux demis du même camp doivent pouvoir jouer également bien la mêlée et l'ouverture. De cette façon, ils pourront encore augmenter le nombre de leurs combinaisons, l'un d'eux tenant tout d'abord le rôle de joueur de mêlée en y plaçant le ballon pour se reculer au moment où il est certain que le talonnage est favorable, et prendre le poste de demi d'ouverture en laissant à son partenaire le soin de faire à son bénéfice la sortie de mêlée.

Cette tactique, bien mise en pratique, est extrêmement déconcertante pour le demi de la mêlée adverse, très inquiet de savoir exactement lequel de ses deux ennemis sera le premier dangereux.

Le plan figure 17 indique ce qui peut résulter de la manœuvre.

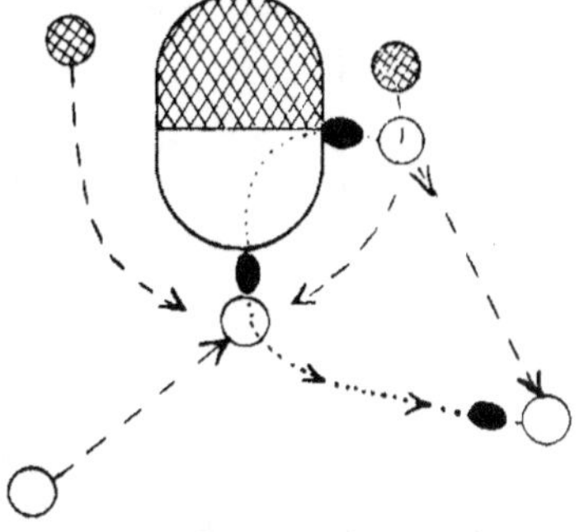

Fig. 17. — Interversion des rôles des demis attaquants.

Le demi de mêlée quadrillé continue son rôle et suit le ballon jusqu'à sa sortie chez les opposants, cependant que son partenaire, inquiet du mouvement en avant de son adversaire direct, se porte également au même point, de telle façon que les deux joueurs arrivent sur l'ex-demi d'ouverture blanc qui n'a plus qu'à passer le ballon à son partenaire ex-demi de mêlée, lequel est momentanément tout à fait affranchi des atteintes adverses.

Lorsque la mêlée se forme au milieu du terrain, le côté choisi pour l'offensive doit être celui où la ligne des trois-quarts atta-

quants présente les joueurs les mieux doués par la rapidité de
leur course et leur puissance de pénétration. Quelques capitaines préfèrent attaquer sur la faiblesse de leurs adversaires,
mais à notre sens, le premier système est le meilleur.

Quand la mêlée se forme plus près d'une touche que de
l'autre, le côté sur lequel elle laisse le plus d'espace de terrain
de jeu est dit : côté ouvert ; celui qui est le plus près de la
touche : côté fermé.

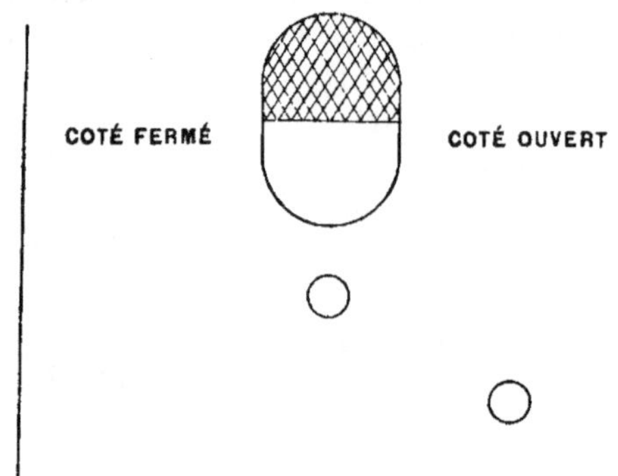

Fig. 18. — Les deux côtés de la mêlée.

En général, et comme le montre la figure ci-dessus, les demis
se placent pour attaquer sur le côté ouvert du jeu, étant donné
que les trois-quarts ont, par la suite, plus de champ pour continuer l'attaque.

Pourtant, comme il est préférable de tromper la défense
adverse que de la forcer, il est quelquefois excellent de varier
l'attaque et de commencer l'offensive sur le côté fermé. La
manœuvre à exécuter par les deux demis attaquants en pareil cas,
est celle décrite au sujet du changement de position, à droite ou à
gauche de la mêlée, du demi d'ouverture.

L'attaque sur le côté fermé se poursuit comme nous le ver-

BONNE POUSSÉE EN MÊLÉE. — Les joueurs de première ligne ayant besoin du libre usage d'une jambe pour s'assurer la possession du ballon, ce sont les joueurs des autres lignes qui, par leur poussée en sens contraire, assurent leur équilibre.

Passe du demi de mêlée au demi d'ouverture. — Le demi qui attend le ballon derrière les avants en mêlée sera si souvent marqué par son adversaire qu'il aura juste le temps de passer le ballon au demi d'ouverture.

rons au chapitre des trois-quarts ; bornons-nous, pour l'instant,
à dire qu'elle est surtout recommandable quand la mêlée est
formée assez près de la ligne de but adverse, et ajoutons que,
dans ce cas, le demi de mêlée ne doit jamais tenter de gagner du
terrain personnellement, mais il lui faut immédiatement passer
le ballon à son partenaire pour ne pas être gêné par un adversaire au moment de suivre le bénéficiaire de sa passe. Bien des

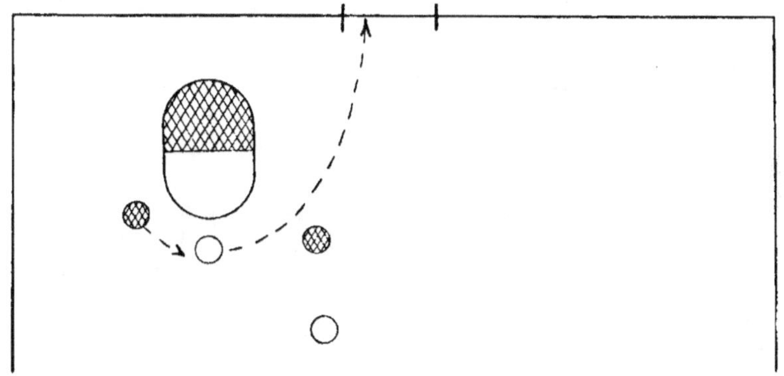

Fig. 19. — Attaque personnelle du demi de mêlée.

fois, en effet, dans ces occasions, un retour de passe du demi d'ouverture au demi de mêlée, conduit ce dernier à marquer un essai.

Par contre, quand la mêlée est formée presque sur la ligne de
but adverse, et que le talonnage est très rapide, l'occasion est
favorable pour que le demi de mêlée marque directement l'essai
en se saisissant du ballon et en côtoyant la mêlée du côté
opposé à celui par où il est poursuivi par son adversaire direct.

Ainsi que le montre la figure 19, le demi de mêlée blanc
marque l'essai en passant entre la mêlée et le joueur d'ouverture
opposé qui se préparait à s'élancer sur le demi blanc qu'il est
chargé de marquer.

Quand la défense adverse est très bonne, et que la mêlée se forme à une dizaine de mètres en face des poteaux du but opposé, le demi d'ouverture peut, très profitablement, essayer de gagner des points par un coup de pied tombé.

Pour cela, il lui faut se tenir directement derrière son partenaire de mêlée, et à une dizaine de mètres pour avoir le temps de préparer son coup de pied, avant d'être gêné par les adversaires. Le joueur de mêlée prévenu, fera sa passe en conséquence.

Le demi de mêlée peut encore varier son jeu, en feintant une passe sur son partenaire. Placé par exemple en arrière sur sa droite et en adressant réellement le ballon au trois-quart qui se tient sur sa gauche.

Cette passe, que les Anglais nomment « passe renversée », s'exécute en retournant les mains qui tiennent le ballon, pendant que la partie supérieure du corps pivote sur les hanches de la droite, vers où la feinte a été dessinée, à la gauche, vers où partira définitivement le ballon.

Maintenant que nous avons examiné les coups les plus classiques que puisse exécuter dans l'attaque le demi de mêlée, on peut se rendre compte de la lucidité et de la prestesse qui lui sont nécessaires pour bien jouer son rôle et, personnellement, j'avoue ne pas comprendre la justesse de l'épithète « donkey-man » (l'homme-âne), dont l'ont gratifié nos voisins d'Outre-Manche. Ce témoignage rendu en sa faveur, nous allons étudier, toujours au point de vue de l'attaque, le jeu de son partenaire d'ouverture.

LE JEU DU DEMI D'OUVERTURE — Derrière une ligne d'avants qui va sortir le ballon, le demi d'ouverture doit d'abord, d'un coup d'œil rapide, examiner la disposition des lignes de défense adverses et se rendre compte

du ou des points faibles qu'elles peuvent présenter. En conséquence il indiquera, ainsi que nous l'avons dit, à son partenaire
de mêlée à quel endroit il sera pour recevoir sa passe. Il lui
faut également prévenir ses trois-quarts de la décision qu'il a
prise sur le point de départ de l'attaque. Cette indication aux
trois-quarts doit naturellement, comme celle donnée au joueur
de mêlée, échapper à l'attention des adversaires, et cette condition est d'autant plus facilement obtenue que chacun des trois-
quarts attaquants ne doit pas laisser passer inaperçu même le
plus petit mouvement du demi d'ouverture. Donc, un petit geste
fait par celui-ci de sa main droite ou de sa main gauche suivant
le côté du jeu où il acceptera la passe du demi de mêlée, mon-
trera à la division d'attaque le point initial de l'offensive.

Le résultat essentiel est, pour le demi d'ouverture attaquant,
d'éviter d'être arrêté par l'un ou l'autre des demis défendants.

Ce résultat est obtenu assez facilement, étant donné l'avantage que le demi d'ouverture qui attaque a de pouvoir commencer sa course dans une direction à son choix ; si pourtant,
dans ces conditions, un demi se fait souvent arrêter par un
demi adverse, c'est qu'il est tout à fait incapable de rester à son
poste et il lui faut trouver dans les autres lignes une place plus
appropriée à ses aptitudes.

Donc, le demi d'ouverture reçoit, comme il a été dit, lorsqu'il
est déjà lancé à bonne allure, la passe de son partenaire de
mêlée, il évite le demi d'ouverture adverse qui est son adversaire direct et, en conséquence, arrive bientôt devant un trois-
quart opposé.

C'est à ce moment qu'il lui faut avoir toute sa présence d'esprit
pour employer le moyen le plus favorable à la continuation de
l'attaque. Il a, en effet, le choix entre plusieurs procédés. Il
peut :

ou :

Passer le ballon à sa droite ou à sa gauche à l'un de ses partenaires trois-quarts qui le suivent ;

ou :

Gagner du terrain en envoyant, d'un coup de pied, le ballon en touche ;

ou :

Feinter devant le trois-quart adverse qui le menace pour, si son stratagème réussit, continuer sa course avec le ballon ;

ou :

Donner un coup de pied qui enlève le ballon au-dessus de l'adversaire pour le reprendre ensuite lui-même avant que l'opposant ait eu le temps de se retourner et de le rejoindre ;

ou :

Envoyer le ballon par un coup de pied à l'aile éloignée des trois-quarts attaquants.

Posons d'abord en principe que le demi d'ouverture est seul juge de celle de ces ressources qu'il faut employer. Il n'a aucun compte à tenir des injonctions qui peuvent lui être faites par les joueurs qui le suivent, et ces derniers, quelque désireux qu'ils soient de recevoir le ballon, doivent absolument s'abstenir de troubler par leurs réclamations la clairvoyance du joueur qui commence l'attaque. Cela bien établi, examinons chacun des procédés dont peut disposer le demi d'ouverture attaquant.

Ce joueur arrive donc, comme nous l'avons dit, en possession du ballon devant un trois-quart opposé et il s'ensuit que les lignes d'attaque et de défense des équipes opposées présentent la disposition de la figure 20 :

On se rend compte que, par la manœuvre combinée entre les deux demis blancs, les quatre trois-quarts du camp quadrillé

voient arriver sur eux une ligne de cinq adversaires. Si donc
la passe des attaquants s'établit normalement devant chaque
joueur du camp opposé, le ballon parvient enfin au trois-quart
aile qui est libéré de l'atteinte de son adversaire direct et les

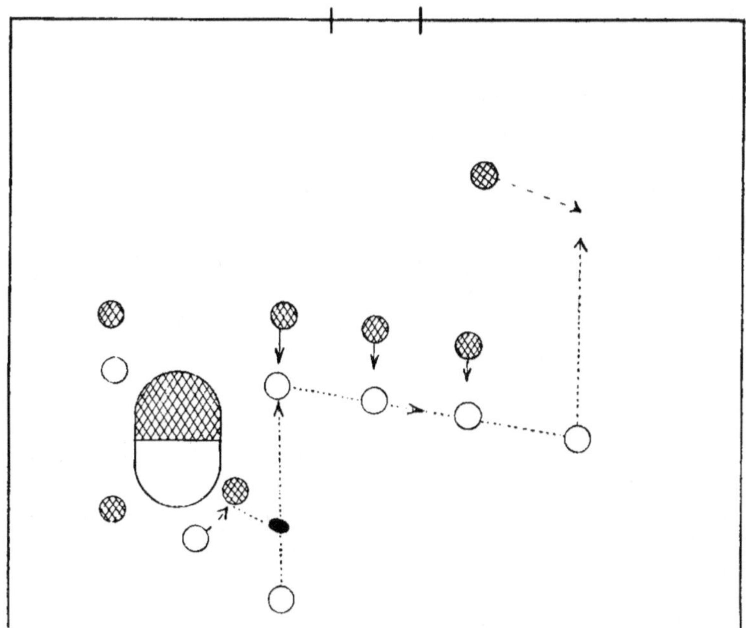

Fig. 20. — Attaque par passes des demis et des trois-quarts.

défenseurs n'ont plus d'espoir que dans l'habileté de leur arrière,
qui parvient quelquefois à empêcher l'essai.

Le demi d'ouverture aura, dans ce cas, donné à ses trois-
quarts avec une chance de marque une certitude de gagner du
terrain, et c'est le minimum auquel il est obligé à l'égard de ses
partenaires de la division d'attaque.

Le joueur consciencieux et intelligent ne se contentera pas de l'accomplissement régulier de ce strict devoir, et il cherchera en employant les autres procédés concurremment avec cette première méthode, à percer quelquefois définitivement la défense adverse.

L'emploi du coup de pied en touche est recommandable au demi d'ouverture favorisé par un vent soufflant fortement dans la direction du camp ennemi.

Par un temps normal, ce moyen est encore très avantageux dans les cas où la mêlée a eu lieu près de la ligne de but du camp dont les avants ont sorti le ballon.

A ce sujet, il est très nécessaire de faire comprendre aux joueurs de mêlée que, contrairement à certains principes, ils doivent obéir à la demande que leur font leurs demis, de talonner alors qu'ils sont près de leurs buts. Voici la raison justificative de cette demande :

Presque toujours les demis du camp envahisseur escomptent, au moment d'une mêlée, la sortie du ballon chez eux ou s'attendent à voir leurs adversaires tourner la mêlée. Dans ces deux cas ils se placent ou pour profiter de la sortie de mêlée ou pour arrêter le dribbling adverse, mais presque jamais ils ne prévoient une échappée de leurs adversaires directs et le demi d'ouverture des envahisseurs est spécialement mal placé pour parer cette attaque inopinée. Donc, si les avants, près de leurs buts, obéissent à la demande que leur demi de mêlée leur fait de lui laisser sortir le ballon, ce joueur passera ensuite à son partenaire qui, démarqué comme nous l'avons dit, pourra dégager complètement son camp par un long coup de pied en touche.

Dans ce cas, le demi doit, avant tout, assurer à son coup de pied la précision nécessaire pour que le ballon trouve certainement la touche, autrement les trois-quarts adverses pourraient trouver l'occasion d'une attaque dangereuse.

Le demi d'ouverture peut encore employer le coup de pied en touche lorsque son équipe est d'une force presque égale à celle des adversaires et qu'elle bénéficie sur ces derniers d'un petit nombre de points un peu avant la fin de la partie. Cette méthode, appliquée surtout dans la partie du terrain à défendre, a pour résultat de gêner grandement les efforts que font les ennemis pour commencer une tactique offensive qui leur permette de rétablir leurs affaires compromises, et elle est en même temps très reposante pour tous les joueurs et spécialement pour les avants de l'équipe qui l'emploie.

Au résumé, *le coup de pied en touche peut être conseillé au demi d'ouverture :*

> *1° Quand le vent souffle fortement dans la direction du but adverse ;*
>
> *2° Quand la mêlée a été formée dans la partie du terrain à défendre ;*
>
> *3° Pour ne pas compromettre une victoire à peu près certaine en courant les risques d'une attaque par passes.*

Nous arrivons maintenant à l'étude de l'un des plus jolis coups que puisse tenter le demi d'ouverture attaquant : la feinte de passe devant le premier trois-quart adverse qu'il rencontre.

Cette tentative est à faire par le demi qui s'est aperçu de la faiblesse des arrêts de l'adversaire sur lequel il arrive, ou quand suivi d'un partenaire démarqué il se rend compte que l'adversaire qui semble le menacer personnellement, très embarrassé d'avoir à faire face à deux ennemis, paraît se décider à commettre la faute de chercher la chance d'une interception de passe plutôt que d'arrêter le porteur du ballon.

Dans ces deux cas le demi doit feinter, ainsi qu'il a été dit dans le chapitre qui traite de la feinte de passe, et si le succès récompense sa tentative il a joué un des coups les plus efficaces de son répertoire puisqu'il parvient ensuite, presque toujours sans encombre, en possession du ballon et escorté de sa ligne entière de trois-quarts, devant l'arrière adverse absolument impuissant à arrêter seul des attaquants aussi nombreux.

Il arrive pourtant quelquefois qu'un demi qui a réussi une feinte de passe trouve devant lui d'autres adversaires. Si ces ennemis arrivent sur lui directement, c'est-à-dire dans le plan même de sa course, il est à lui recommander de passer le ballon à l'un de ses partenaires, car une nouvelle tentative de feinte serait plus que probablement vaine.

Si, au contraire, les défendants arrivent sur le demi porteur du ballon dans une direction oblique à sa course il peut, avec de grandes chances de succès, continuer à feinter mais dans le sens de la course des adversaires, lesquels ou emportés par leur élan, ou espérant enfin une passe définitive, ou déterminés ainsi qu'il se voit souvent par des raisons mystérieuses, laisseront le porteur du ballon continuer sa course pour se porter eux-mêmes en masse sur le même côté du terrain.

En conséquence, quand le demi jugera opportun de faire une passe véritable : soit qu'il parvienne enfin devant un seul adversaire, soit qu'il sente que sa ruse n'a plus de chance de réussir, il lui faudra faire cette passe du côté opposé où il a dessiné ses feintes précédentes. Il est en effet facile de se rendre compte que le partenaire qui reprendra le ballon dans ces conditions aura bien moins d'adversaires devant lui que celui sur qui les feintes successives ont lancé un nombre considérable d'opposants.

C'est surtout quand il accomplit une série de feintes que l'on peut juger du degré de clairvoyance d'un demi d'ouverture. Il lui faut, en effet, cesser d'employer son stratagème juste à temps pour ne pas être arrêté avec le ballon, et pas trop tôt pour donner le plus de terrain libre au joueur qui recevra sa passe réelle.

Comme il n'est pas nécessaire au succès final que le bénéficiaire immédiat de la passe du demi ait devant lui seul tout le terrain libre, il faut encore que le joueur d'ouverture se rende compte de ce que chacun de ses actes a pu produire dans la disposition de la défense adverse et agir en conséquence.

Beaucoup de demis d'ouverture trouvent de très nombreux admirateurs en échappant à quelques adversaires par une série de sauts et de mouvements acrobatiques.

L'effet produit au point de vue public est le plus souvent excellent, mais il est loin d'en être de même pour l'équipe affligée d'un tel joueur. Derrière lui ses trois-quarts s'époumonnent à le suivre et lui-même, lorsqu'il se décide enfin à bien vouloir passer le ballon, ne sait plus qu'en faire, personne n'étant là pour le recevoir.

Il se débarrasse alors du ballon d'une façon absolument hasardeuse avec de grands risques de voir sa passe reprise par un adversaire, et c'est l'instant précis où les spectateurs ignorants manifestent, en applaudissant l'auteur de tout le mal, qu'ils déplorent seulement de voir aussi peu secondé par ses partenaires.

Pour éviter cette faute, le demi d'ouverture lancé à pleine allure en possession du ballon dans les lignes ennemies, doit exécuter ses crochets et diriger sa course vers les buts adverses, en cherchant à garder autant que possible une ligne parallèle aux lignes de touche.

Rappelons au demi d'ouverture dont une feinte réussie a fait le champ libre jusqu'à l'arrière opposé que, pour tout joueur en possession du ballon et arrivant, suivi par un ou plusieurs partenaires, devant un seul adversaire, la feinte est interdite. Il s'agit alors d'attirer sur soi d'une façon certaine le joueur ennemi et de passer juste à temps à l'un de ses partenaires pour ne pas être arrêté avec le ballon.

Il arrive souvent, quand la sortie de mêlée a été laborieuse et que la ligne des trois-quarts adverses a suivi avec vigilance les péripéties de la mêlée, que le demi d'ouverture porteur du ballon, trouve, presque au début de sa course, un trois-quart ennemi devant lui, cependant que ses partenaires immédiats sont également marqués de très près. Dans ce cas et s'il ne juge pas bon d'essayer une feinte, comme il n'a rien à gagner et qu'il a tout à risquer en passant le ballon à des partenaires aussi mal placés que lui pour l'attaque, il lui faut choisir entre deux moyens qui restent à sa disposition.

Il peut, en arrivant à deux ou trois mètres de l'adversaire qui le menace, donner un petit coup de pied qui enlève le ballon juste au-dessus de l'atteinte de l'ennemi et de telle sorte que lui-même puisse le reprendre en pleine course.

Il est un moyen, autre que le coup de pied, qui peut donner ce résultat. Ce moyen, qu'on ne saurait toutefois employer sans un entraînement préalable, consiste à laisser simplement tomber le ballon sur le genou droit à l'instant où ce genou s'élève dans le mouvement de la course. Le ballon ainsi touché s'enlève à deux ou trois mètres de hauteur pour retomber à peu près exactement au point où il peut être favorablement repris. L'avantage de ce procédé sur le coup de pied est qu'il peut être employé par un joueur lancé à toute allure et sans qu'il lui soit, pour ainsi dire, nécessaire de la modifier.

Ce procédé est également recommandable à tout joueur se présentant devant un adversaire sans être soutenu par un seul de ses partenaires.

L'autre moyen dont peut disposer le demi d'ouverture très menacé avec ses partenaires par la défense adverse, est d'adresser, par un long coup de pied, le ballon à son trois-quart aile le plus libre de ses mouvements, ainsi que le montre la figure 21 :

Ce coup de pied, dit « de déplacement », doit envoyer le ballon

par-dessus les lignes de la défense adverse et de telle sorte
qu'aucun des joueurs formant ces lignes ne puisse ni reprendre le ballon, ni atteindre le partenaire auquel il est destiné. Ajoutons à son sujet que son emploi est uniquement

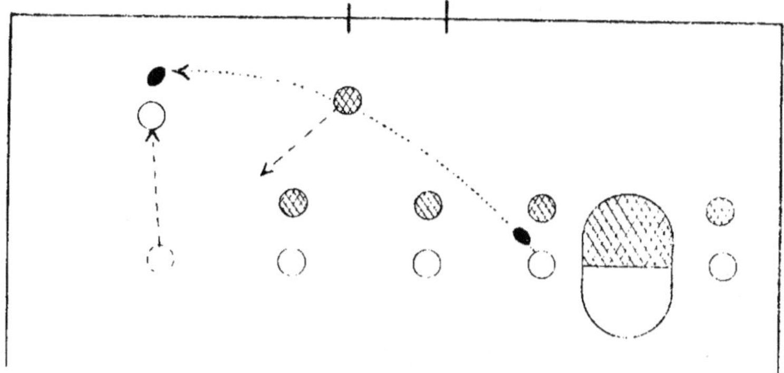

Fig. 21. — Coup de pied de déplacement.

réservé aux occasions que l'on peut trouver sur le territoire
ennemi.

Employé par un joueur dont l'équipe est acculée près de sa
ligne de but, il est tout simplement désastreux si les trois-quarts
ailes des ennemis sont rapides et adroits.

Le demi d'ouverture est assez souvent suivi dans sa course
par son partenaire de mêlée qui a pu se dégager après avoir
fait sa passe. Dans ce cas, un redoublement de passes entre
les deux partenaires est une chose excellente, car il a pour
résultat de pénétrer à peu près sûrement la défense adverse et
d'affranchir immédiatement les deux ailes attaquantes, ainsi
qu'on peut s'en rendre compte par le plan 22.

On voit que le résultat de cette combinaison des deux demis
met dans un grand embarras l'arrière adverse qui ne sait lequel

des trois-quarts ailes attaquants il aura à arrêter. En outre, qu'il se dirige à droite ou à gauche, l'un de ses adversaires aura le champ libre devant lui pour profiter d'une passe ou, pour le moins, d'un déplacement de jeu.

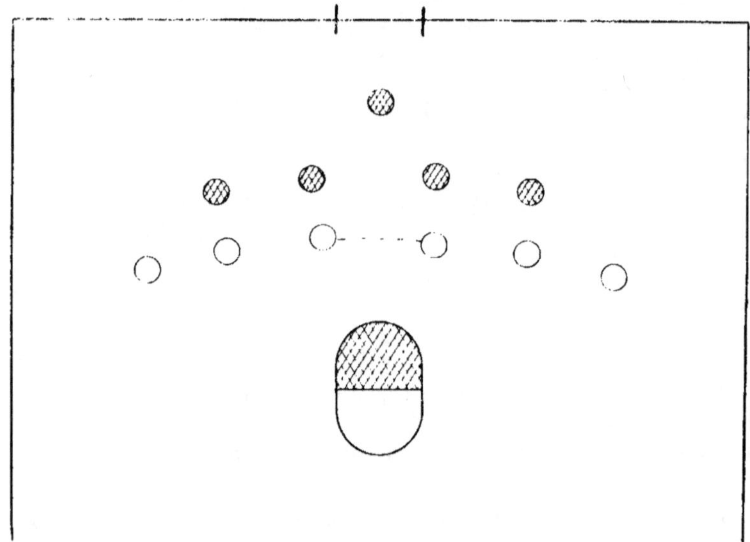

Fig. 22. — Le retour de passe au centre.

La condition indispensable au succès des attaques que le « donkey-man » et son partenaire peuvent exécuter derrière une mêlée qui leur fournit le ballon, est la variété. Il leur faut faire l'impossible pour tromper leurs adversaires sur les actes qu'ils préparent. Pour cela, tous les moyens sont bons, pourvu naturellement qu'ils ne soient pas contraires aux règlements. Les procédés les plus puérils, tels par exemple qu'une indication ou un appel sans valeur aucune mais ayant un caractère conventionnel, ou un geste du même ordre exécuté d'une façon très apparente par l'un ou l'autre compère, troublent souvent des adversaires débutants et quelquefois de vieux joueurs dont la réputation n'est pourtant pas d'être des naïfs. L'excuse des uns comme des autres est d'ailleurs que la tâche des demis, jouant contre des adversaires favorisés par la sortie du ballon, est, ainsi que nous allons le voir, extrèmement difficile.

LE ROLE DES DE- MIS DERRIÈRE UNE MÊLÉE BATTUE Lorsqu'un demi de mêlée s'aperçoit que les avants de la première ligne adverse se sont assurés la possession du ballon, il lui faut suivre pas à pas le trajet qu'il accomplit à travers les jambes ennemies pour arriver, si possible, en même temps que lui au point où il sort de la mêlée.

Si l'on considère que les règlements interdisent au demi de jamais dépasser le ballon, sous peine de coup franc, et que son rôle est tel que nous venons de le dire, on peut se rendre compte de la délicatesse qu'il doit apporter dans l'accomplissement de chacun de ses actes.

Quoi qu'il fasse, s'il respecte le règlement et si la sortie de mêlée s'est effectuée correctement chez ses ennemis, il lui sera impossible d'empêcher son adversaire direct — que nous supposons naturellement sain de corps et d'esprit — de se saisir du ballon et de le jouer. On ne peut donc, en ce cas, rien lui demander de mieux, qu'obliger le « donkey-man » opposé à faire sa passe, et cela lui donnera déjà bien du mérite, car rien n'est moins commode pour lui, que de rejoindre un adversaire agile à qui une rapide sortie de mêlée donne une avance de deux ou trois mètres. Si, en raison de cette difficulté, il ne peut obliger le demi de mêlée opposé à faire sa passe dès qu'il a reçu le ballon, il doit courir après et quelquefois il aura la chance de le rejoindre et de l'arrêter avant qu'il n'ait eu l'occasion de passer le ballon.

S'il est trop tard pour obtenir ce résultat, il ne lui reste plus qu'à continuer sa course à toute vitesse vers l'aile des adversaires qui lui semble la plus menaçante, et il pourra peut-être ainsi sauver enfin la situation.

Il est quelques demis de mêlée et non des moins réputés qui, dans de semblables circonstances, procèdent autrement et de la façon suivante :

Dès qu'ils s'aperçoivent qu'ils n'ont pour ainsi dire aucune chance de rejoindre le demi de mêlée opposé qui a réussi à s'échapper avec le ballon, ils abandonnent sa poursuite, pour se lancer immédiatement sur les traces de celui qu'ils prévoient être le prochain bénéficiaire de la passe.

Cette tactique a l'avantage d'échapper complètement aux adversaires attaquants et d'être très évidente pour les partenaires trois-quarts défendants qui, d'après ce qu'ils voient, se placent surtout pour arrêter le porteur du ballon et ses suiveurs. Ce dernier ayant ainsi le champ libre devant lui, est à peu près sûrement choisi par le porteur du ballon pour être le bénéficiaire de la passe, et il lui arrive ainsi, quand le demi de mêlée adverse qui le poursuit sans qu'il s'en doute est un joueur suffisamment rapide, d'avoir la désagréable surprise d'être arrêté par derrière à l'instant même où il entrevoyait la possibilité de marquer un essai.

La figure 23 complète ces explications.

L'inconvénient que peut présenter cette manœuvre est très grave, et il est également démontré par la figure explicative. C'est que si le demi poursuivant court moins vite que l'adversaire bénéficiaire de la passe ce dernier marque l'essai à peu près à coup sûr, étant donné qu'en obliquant légèrement sa course il peut assez facilement échapper à l'atteinte de l'arrière adverse.

L'emploi de l'une ou de l'autre tactique dépend donc de la confiance que le demi de mêlée défendant a dans sa rapidité :

il se rappellera toutefois qu'il est responsable de l'essai qui
résulte de son insuccès à rejoindre le joueur attaquant porteur
du ballon.

Il est un cas dans lequel le demi de mêlée défendant goûte

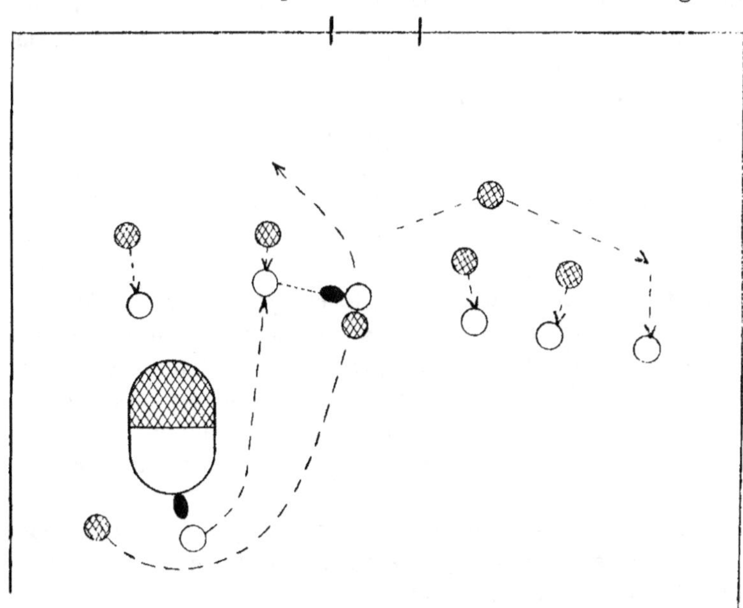

Fig. 23. — Défense contre une attaque des demis et des trois-quarts.

toutes les joies du paradis, c'est quand les avants de la dernière
ligne adverse ont talonné si fort que le ballon a échappé à la
prise de leur demi de mêlée pour rouler assez loin derrière lui.
Son heureux adversaire n'a plus alors qu'à le reprendre pour
gagner du terrain par un coup de pied en touche ou, s'il n'a pas
le temps de le jouer de cette façon, qu'à commencer un dribbling.

Malheureusement, pour le demi de la mêlée battue, il n'a que rarement l'occasion de se donner une semblable satisfaction et les occasions favorables qui se présentent le plus souvent pour lui, sont les sorties défectueuses faites par les adversaires sur un côté de leur mêlée. En ce cas, il a plus de chances encore que son adversaire direct de jouer le ballon et il doit le faire immédiatement avec les pieds, sans aucun égard pour les mains du joueur de mêlée opposé qui cherche à s'en saisir.

Quand la sortie de mêlée est lente chez les adversaires, le demi de mêlée défendant peut arriver à boucler le joueur qui attend la sortie avant qu'il n'ait eu le temps de faire sa passe, et il a ainsi obtenu le résultat qu'il doit en tous les cas se proposer d'obtenir.

Quand la mêlée se forme près de sa ligne de but, le demi de mêlée doit marquer de plus près que jamais son adversaire direct pour l'empêcher de marquer personnellement un essai. Pourtant, il lui faut encore, plus qu'à tout autre moment de la partie, éviter de se mettre hors jeu car la conséquence du coup franc qui pourrait s'en suivre est, en ce cas, particulièrement à redouter.

La défense du demi de mêlée se complique de ce qu'il doit faire lorsque les avants adverses ont tourné la mêlée et se proposent de commencer un dribbling.

Il lui faut alors se jeter résolument sur le ballon, ainsi qu'il a été dit au chapitre de l'arrêt du dribbling, et paralyser ainsi de son mieux les mouvements des jambes ennemies.

C'est probablement cette circonstance du jeu et les occasions qu'a le demi de chercher à ramasser un ballon sorti sur le côté de sa mêlée qu'envisageait F. Mitchell, en lui promettant plus de coups de pied que de pièces de dix centimes.

Toujours est-il que le rôle héroïque de se dévouer pour tous, appartient, en propre, au demi de mêlée ; et s'il est des joueurs

REMISE DU BALLON EN TOUCHE. — Les partenaires de l'avant qui reçoit le ballon à la touche doivent soutenir l'effort qu'il fait pour percer la ligne des adversaires et inversement les défenseurs doivent s'opposer en masse à cette manœuvre.

Equipe du Racing-Club de France,
Champion de Paris de Football-Rugby pour la saison 1907-1908.

Equipe du Racing-Club de France.
Champion de Paris de Football-Rugby pour la saison 1909-1910.

de cette catégorie, que j'ai des raisons personnelles de tenir en grande estime, qui ont souvent, sur ce point du jeu, complètement manqué à leur devoir, d'autres ont, à ma connaissance, accompli fréquemment d'admirables sauvetages.

Je m'en voudrais, à ce propos, de ne pas citer l'extraordinaire exemple donné par Gommès, capitaine de l'équipe Racing-Club de France, battue par le Stade Bordelais dans la finale du Championnat de France, jouée à Bordeaux en mars 1909.

Pendant toute la première mi-temps les Bordelais, très supérieurs en mêlée, cherchèrent à chaque occasion à tourner leurs adversaires pour commencer une de ces attaques en dribbling qui les font si redoutables. Neuf sur dix de ces tentatives échouèrent dès leur commencement, grâce à la farouche énergie avec laquelle Gommès se précipitait à corps perdu à travers les jambes adverses. Si rude que fût le contact des souliers des dribbleurs, jamais il ne put écarter le vivant obstacle qui les séparait constamment du ballon et la défaite du Racing fut ainsi très considérablement atténuée par l'absolu dévouement d'un seul de ses joueurs.

A ce propos il n'est peut-être pas inutile d'ajouter que la vie de Gommès ne fut jamais compromise par les suites de sa vaillance, mais son exemple décidera peut-être les demis qui en prendront connaissance et qui jusque-là montraient sur ce point du jeu une certaine timidité à faire obstacle de leur corps aux pieds des opposants.

La tâche du demi d'ouverture est également malaisée derrière une mêlée battue. Il lui faut, dès qu'il s'aperçoit que le ballon va sortir chez les adversaires, se rapprocher autant que possible de la mêlée sans perdre de vue le ballon et en cherchant toujours à avoir directement en face de lui le demi d'ouverture opposé. Il doit surveiller attentivement chaque mouvement de cet adversaire et chercher à prévoir ce qu'il fera lorsqu'il recevra la passe après la sortie de mêlée.

S'il peut joindre son adversaire et le mettre à terre ou l'obliger à passer, il a, avec son partenaire de la mêlée battue, parfaitement rempli son rôle. Si, au contraire, il n'a pu prévoir le côté choisi par le demi d'ouverture opposé pour attaquer ou si ce dernier s'est dérobé, par un crochet, à son atteinte, il n'est pas extrêmement fautif, car, ainsi que nous l'avons dit, le rôle du joueur attaquant est infiniment plus facile que celui du joueur défendant. Pourtant ce dernier, voyant hors d'atteinte son adversaire direct, ne doit pas se considérer comme étant inutile à la défense. Il lui faut prendre sa course à toute allure derrière la ligne d'attaque et faire tous ses efforts pour rejoindre dans une direction oblique le trois-quart qui reçoit le ballon, l'arrêter ou le forcer à passer et s'employer, en résumé, de son mieux pour faire obliquer le plus possible la course des trois-quarts attaquants vers la ligne de touche.

Ajoutons que si le demi d'ouverture a droit aux circonstances atténuantes quand il a été trompé par les combinaisons de ses adversaires, ou quand celui qui lui est directement opposé lui a échappé par un crochet facilement exécutable, il n'a aucune excuse à invoquer quand il a laissé passer sur une feinte le joueur en possession du ballon.

Lorsque le demi d'ouverture défendant s'est aperçu que son partenaire n'a pu joindre le demi de mêlée attaquant et que ce dernier joueur commence personnellement l'offensive, il doit abandonner son premier objectif qui était d'arrêter éventuellement le demi d'ouverture opposé pour se lancer immédiatement sur le joueur en possession du ballon. Il appartient au reste des joueurs défendants de prendre leurs dispositions en conséquence.

Le demi d'ouverture défendant doit encore arrêter les attaques par dribblings que son partenaire n'a pu parer et ne laisser à ses trois-quarts que le moins possible de cette désagréable besogne.

LE ROLE DES DE-MIS A LA TOUCHE C'est ordinairement le demi qui remet en jeu le ballon sorti en touche. Nous avons vu, en étudiant le jeu des avants, que cette opération pouvait procurer certains avantages à une équipe dont les joueurs s'entendaient à bien la pratiquer ; il faut donc que le demi y prenne part avec toute son intelligence.

Dès que le demi s'aperçoit d'une sortie en touche, il doit se rendre à toute vitesse au point de la remise en jeu pour pouvoir, si cette remise en jeu appartient à son équipe, adresser le ballon à ceux de ses avants qui, plus actifs que leurs adversaires ont, en conséquence, encore le terrain libre devant eux.

Si la remise en jeu appartient aux adversaires, la présence du demi à la ligne de touche n'est pas moins rapidement nécessaire, afin qu'il puisse parer au plus tôt tout mouvement offensif.

Le demi chargé de faire la remise en jeu doit examiner avec soin, mais rapidement, la ligne formée par les avants de chaque équipe pour adresser au plus tôt le ballon à celui de ses partenaires qui a réussi à se faire démarquer ou qui est moins bien marqué que les autres. Il doit encore être attentif à tous les signes que ses partenaires peuvent lui faire quand ils espèrent pouvoir jouer favorablement le ballon s'il leur parvient et prendre sa décision en conséquence.

La précision de la passe du demi est naturellement absolument nécessaire et rien n'est plus ridicule qu'un joueur qui, chargé de la remise en jeu, fait parvenir le ballon à un adversaire démarqué.

Il est encore très utile que le demi prévienne par un

signe quelconque celui de ses avants à qui il va adresser le ballon.

Quand la sortie en touche a été faite sur le terrain des adversaires, le demi chargé de la remise peut trouver de bonnes occasions d'attaque en adressant directement le ballon à l'un des trois-quarts par une passe très longue. En ce cas, l'entente entre le demi et le bénéficiaire de la passe est indispensable ; le premier doit prévenir le second de son intention sans attirer l'attention des adversaires et le trois-quart, par un signe également discret, indique au demi qu'il accepte ou qu'il refuse comme inopportune la combinaison demandée.

Le demi peut avoir une autre occasion de faire jouer directement un trois-quart au moment de la remise en jeu quand un certain espace est resté libre entre la ligne de touche et les deux avants opposés placés les plus près de cette ligne.

Une indication discrète donnée, dans ce cas, par le demi au plus proche trois-quart, déterminera ce dernier à s'élancer très rapidement entre les deux premiers avants et la ligne de touche pour profiter, à son passage devant le demi, de la passe que lui fera celui-ci.

Ce coup très classique est aussi très connu, et, pour cette raison même, il est rarement employé avec succès, mais sa combinaison avec la manœuvre du partenaire avant placé le plus près de la touche constitue un stratagème inconnu de la très grande majorité des joueurs et qui peut amener un essai, surtout si la remise en jeu est faite près de la ligne de but ennemie.

Voici l'explication de la méthode à employer :

Le demi chargé de la remise en jeu indique, de façon à laisser surprendre son signe aux adversaires, au trois-quart aile qu'il l'engage à prendre sa course pour profiter de la passe, comme il a été dit, entre la ligne de touche et les deux premiers avants qui se font face.

Le trois-quart répond au signe qui lui est fait par un geste
assez évident d'acquiescement et s'élance immédiatement vers
l'espace de terrain resté libre. Il arrive alors que le premier
avant opposé, qui a cru surprendre la combinaison adverse, se
lance immédiatement sur le trois-quart aile qu'il croit devoir être
le bénéficiaire de la remise en jeu, cependant que c'est l'avant
même, qu'il marquait et qu'il affranchit ainsi de son arrêt, qui
reçoit réellement le ballon des mains du demi, ainsi que le
montre le schéma ci-dessous.

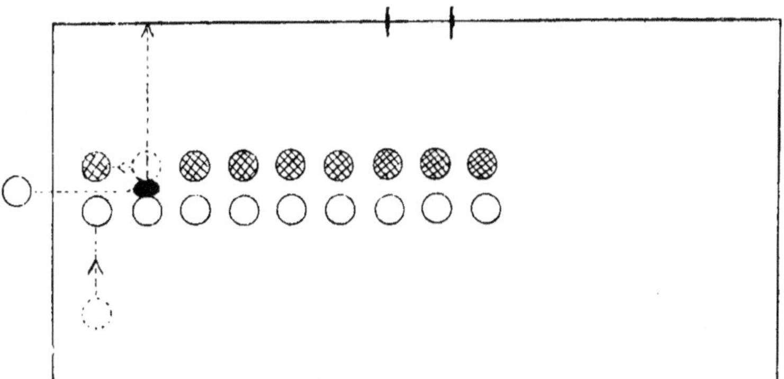

Fig. 24. — Combinaison d'attaque à la touche.

Il est bien certain que cette ruse ne réussit pas toujours, mais,
résultant inopinément d'une intelligente collaboration, elle donnera quelquefois de très désagréables surprises aux adversaires.

Aussitôt que le demi chargé de la remise en jeu a fait sa
passe, il doit se placer au plus vite de façon à reprendre éventuellement un retour de passe de son partenaire avant qui aurait
eu la chance de pouvoir s'échapper avec le ballon, ou pour être
en mesure de soutenir le dribbling des avants et d'accueillir au
besoin un ballon talonné si le jeu des pieds s'est imposé après
la touche.

Le partenaire du demi qui fait la remise en jeu doit se placer, suivant que son équipe attaque ou défend, loin ou près de la ligne de touche.

Placé loin, il aura une chance de recevoir une passe longue et de commencer un mouvement offensif par passes avec sa ligne de trois-quarts. Placé près de la ligne de touche, il aura pour mission de soutenir le groupe d'avants au milieu desquels son partenaire lancera le ballon. Dans ces deux cas, il n'a pas à se préoccuper de son adversaire directement opposé, car il est bien certain que ce n'est pas à cet ennemi que son partenaire chargé de la remise en jeu adressera le ballon.

Le rôle des demis auxquels n'appartient pas la remise en jeu est assez simple. L'un d'eux doit surveiller l'espace laissé libre, peut-être à dessein, par l'avant adverse placé le plus près de la ligne de touche, tandis que son partenaire va se placer directement en face du demi adverse qui n'est pas chargé de la remise en jeu.

LE ROLE DES DEMIS AU COUP D'ENVOI Si le coup d'envoi appartient à leur équipe, les demis doivent suivre la course de leurs avants jusqu'au point que les adversaires peuvent choisir pour retourner le ballon en touche. Celui des demis placé du côté où le ballon a été envoyé devra donc suivre la touche assez près pour être en mesure d'empêcher, si possible, le ballon retourné par les adversaires de sortir du terrain. Le demi placé du côté opposé pourra se rapprocher du centre, étant donné qu'il est bien improbable que les adversaires cherchent une touche aussi éloignée pour gagner du champ.

Le mieux à faire pour le demi qui reprend le ballon dans ces conditions est de le renvoyer en touche dans le territoire ennemi. Si pourtant le vent soufflait violemment contre lui, il pourrait jouer le ballon d'une façon plus avantageuse pour son équipe, en commençant une course pour opérer ensuite une série de passes avec ses trois-quarts.

Quand le coup d'envoi est donné par les adversaires, les demis doivent également chercher à empêcher le ballon de sortir indirectement en touche pour, s'ils peuvent le reprendre, gagner du terrain par un coup de pied qui le fasse sortir du jeu aussi loin que possible.

Il est à recommander aux demis, comme du reste à tout joueur, de ne pas reculer inconsidérément pour reprendre un ballon qui les dépasse. En agissant ainsi ils peuvent bousculer un joueur qui, derrière eux, était plus favorablement placé pour bien accueillir le ballon.

LE ROLE DES DEMIS AU COUP DE RENVOI Celui des demis qui réussit à reprendre un coup de pied de renvoi des adversaires peut trouver une excellente occasion d'attaque en adressant, par un coup de pied de déplacement, le ballon à ses partenaires de l'aile opposée.

Sa tactique aura d'autant plus de chances de succès s'il a eu le temps, avant de donner son coup de pied, de courir quelques mètres vers la touche la plus proche et d'attirer ainsi, sur le côté du jeu opposé à celui où aura lieu l'attaque définitive, le plus grand nombre d'adversaires.

Par contre, lorsque le coup de renvoi appartient à leur équipe, les demis ont à se préoccuper de parer une semblable attaque. Pour cela, le demi, placé sur le côté du jeu opposé à celui où le coup de renvoi a adressé le ballon, doit se placer au point probable où un coup de pied de déplacement peut faire tomber le ballon.

LE JEU DES
TROIS-QUARTS

LA composition idéale d'une ligne de trois-quarts est de placer au centre deux joueurs grands, rapides, puissants et adroits, et à chaque aile un joueur très vite et très adroit.

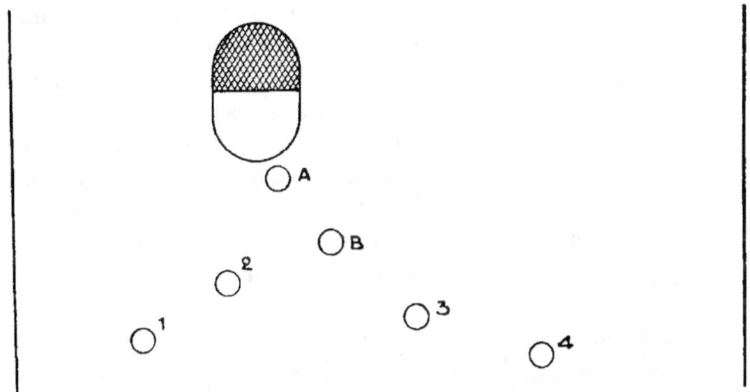

Fig. 25. — Disposition des demis et des trois-quarts derrière la mêlée. A. B : demis. 1. 2. 3. 4 : trois-quarts.

De même que pour les demis, l'entente parfaite est très nécessaire entre chacune des individualités qui composent la division d'attaque. Cette entente est d'ailleurs plus facilement obtenue entre les trois-quarts qu'entre les demis, et la raison en est que le mouvement général de l'attaque est ordinairement indiqué lorsque le ballon parvient à celui des trois-quarts qui profite le premier de la passe faite par le demi d'ouverture.

Cela posé, examinons les différentes positions que peuvent prendre les trois-quarts derrière deux demis qui vont commencer l'attaque.

Ces positions varient suivant que la mêlée se forme près ou loin d'une des lignes de touche. Derrière une mêlée formée, par exemple, à peu près à égale distance des deux lignes de touche, les trois-quarts pourront se placer, de telle sorte qu'ils seront en nombre égal de chaque côté de la mêlée, ainsi que le montre la figure 25.

Lorsque la mêlée se forme plus près d'une ligne de touche que de l'autre, les trois-quarts se disposent derrière elle de façon à être en plus grand nombre sur l'espace de terrain qui sépare la mêlée de la touche dont elle est la plus éloignée. C'est ce plus grand espace de terrain que nous avons appelé d'ailleurs le côté ouvert du jeu.

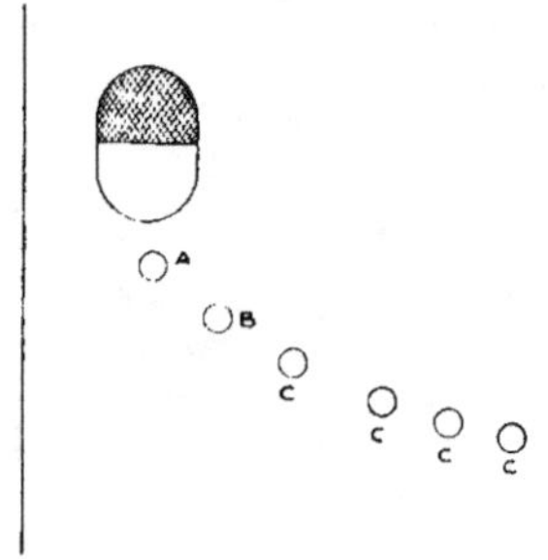

Fig. 26. — Autre disposition des demis et des trois-quarts. A.B : demis. c. c. c. c : trois-quarts.

Quand la mêlée s'est formée très près d'une ligne de touche, les quatre trois-quarts peuvent se disposer derrière elle sur le côté ouvert du jeu d'après le plan figure 26.

Ces dispositions, généralement adoptées au moment de la formation de la mêlée, varient suivant que la sortie du ballon s'effectue au profit de l'une ou de l'autre équipe.

Dans le cas où leurs avants ont obtenu le succès en mêlée,

les trois-quarts prennent de nouvelles dispositions, spécialement offensives, en prenant pour guide leur demi d'ouverture, cependant que leurs adversaires manœuvrent de leur côté pour s'opposer à l'attaque dont ils voient les mouvements se dessiner devant eux.

Dans la plupart des cas, c'est à l'un des trois-quarts centres qu'il appartient de continuer l'attaque du demi d'ouverture et il faut les circonstances relativement rares des mêlées formées très près d'une des lignes de touche ou des attaques sur le côté fermé du jeu, pour que la combinaison s'établisse tout d'abord entre l'un des demis et l'un des trois-quarts ailes.

LES TROIS-QUARTS CENTRES DANS L'ATTAQUE Le rôle des trois-quarts centres dans l'attaque est donc, le plus souvent, de suivre la course du demi d'ouverture pour reprendre sa passe au moment voulu et continuer le mouvement offensif tout en s'efforçant de préparer un chemin sans obstacle au trois-quart aile qui les accompagne et qui bénéficiera de leur passe.

Avant toute autre considération, les trois-quarts centres, placés derrière une mêlée dont ils prévoient la victoire comme certaine, doivent suivre avec une extrême attention tous les mouvements de leur demi d'ouverture et interpréter avec intelligence les signes, d'ailleurs convenus, que ce dernier joueur ne manquera pas de leur faire pour leur indiquer le côté de la mêlée sur lequel il commencera l'attaque.

Ainsi prévenus, les trois-quarts centres pourront rapidement établir, soit par signes convenus, soit autrement, leurs futures combinaisons réciproques. Ces combinaisons peuvent être très variées, mais chacune d'elles doit avoir pour but de compléter la manœuvre que le demi d'ouverture est presque toujours impuissant à mener seul à bonne fin, c'est-à-dire d'affranchir

de l'atteinte de tout adversaire le partenaire qui bénéficiera de
la dernière passe.

On a vu, par exemple, que le demi d'ouverture étant obligé
de passer devant le premier trois-quart adverse qui le menace,
les quatre trois-quarts attaquants trouvent encore devant eux une
ligne de défense formée également de quatre joueurs, puisque
l'arrière ennemi peut venir remplacer son partenaire trois-quart
inutilisé par le demi d'ouverture attaquant.

Ainsi marqués individuellement par des bons plaqueurs, les
trois-quarts attaquants n'auraient que peu de chances de faire
l'essai si chacun d'eux, dès qu'il est menacé, bornait son rôle à
passer le ballon dans une direction générale invariable.

Cette situation, qui se présente très fréquemment pendant le
cours d'une partie, devrait huit fois sur dix se dénouer à
l'avantage des attaquants, et la raison qui fait que c'est le contraire qui est à peu près exactement constaté, est la quasi
ignorance qu'ont de leurs propres ressources la plupart des
trois-quarts centres.

Voici, les moyens classiques qu'un trois-quart centre porteur
du ballon a, en pareil cas, à sa disposition :

Il peut :

ou :

Essayer une feinte devant son adversaire ;

ou :

*Retourner la passe au centre au lieu de donner le ballon
à l'aile ;*

ou :

*Passer directement soit à la main, soit par un coup de
pied, le ballon à l'aile opposée ;*

ou :

Essayer d'éviter son adversaire par un crochet ;

ou :

Essayer, par une course oblique vers la touche la plus proche, d'attirer son adversaire direct sur le même point du jeu que l'adversaire qui marque l'ailier attaquant, et passer ensuite à ce dernier qui, pendant cette manœuvre, de l'aile, est venu se placer au centre ;
ou :

A proximité des poteaux du but adverse, et prévoyant avec certitude l'insuccès d'une passe, tenter le gain d'un but par un coup de pied tombé.

De ces procédés classiques, que nous nous bornons à citer, deux, s'ils réussissent, conduisent directement à l'essai le joueur qui a employé l'un ou l'autre. Ce sont : la feinte de passe et le crochet qui, en ce cas, et comme on peut facilement s'en rendre compte, font le chemin entièrement libre au porteur du ballon lequel, dépassant à pleine allure des adversaires obligés à se retourner pour courir après lui, a toutes les chances de ne pas être rejoint avant d'atteindre la ligne du but qu'il attaque.

Nous n'avons rien à ajouter au sujet de la feinte de passe ; pour ce qui est du crochet, sa réussite dépend uniquement des qualités de souplesse que chaque joueur peut développer par l'entraînement, et n'ayant rien autre chose à en dire, sinon qu'il est trop rarement employé par les trois-quarts centres, nous passons à l'étude des autres procédés que nous avons énumérés.

Le retour de la passe d'un trois-quart centre à l'autre est employé avec succès par un joueur qui, par sa clairvoyance, s'est aperçu que les joueurs de la défense adverse sont disposés d'une façon telle qu'étant, lui-même, menacé d'assez près par son adversaire direct, son partenaire du centre est assez loin d'un obstacle semblable.

En ce cas, avant même de courir les risques d'un arrêt personnel, il doit passer à son partenaire et continuer ensuite sa course pour reprendre le ballon qu'il a donné, et si l'on consi-

dère qu'il a pu prendre une certaine avance sur l'adversaire
qui le menaçait tout d'abord et qu'il a maintenant le champ libre

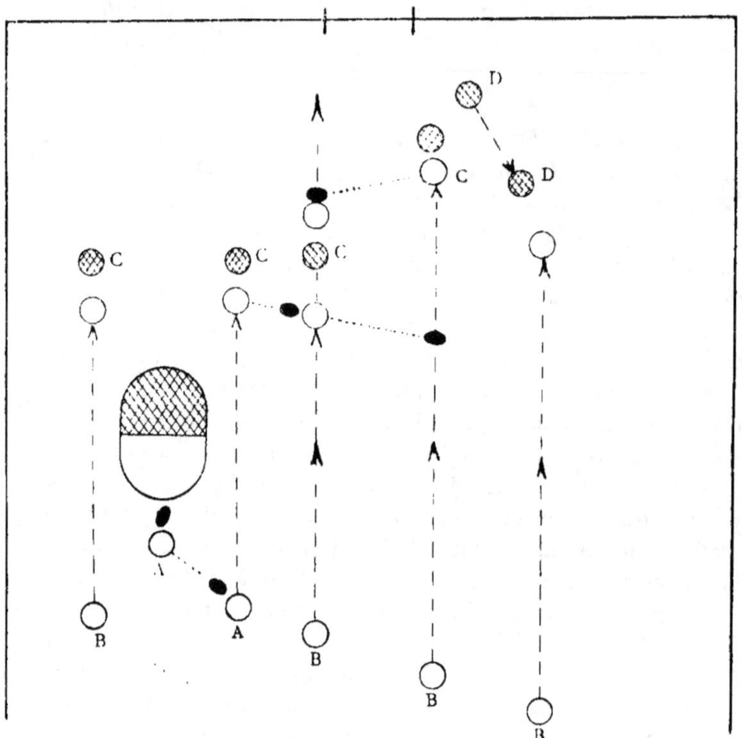

Fig. 27. — Attaque par passes des demis et des trois-quarts, compliquée d'un retour de
passe entre deux trois-quarts centre. A. A : demis. B. B. B. B : trois-quarts.

devant lui, on entrevoit aisément le bon résultat de l'opération
démontrée, peut-être plus clairement, par la figure 27.

Il est bien évident que si celui des trois-quarts centres qui a reçu le premier le ballon des mains du demi d'ouverture doit passer à son partenaire au moment voulu pour qu'il ne soit pas personnellement arrêté, il doit aussi faire en sorte que le joueur qui le menaçait ait le moins de chances de rejoindre le bénéficiaire de sa passe. Pour être délicate, cette opération n'est pas impossible.

Le trois-quart centre qui vient de recevoir le ballon de son partenaire également centre peut encore lui retourner profitablement la passe s'il s'aperçoit que l'adversaire qui marquait son partenaire l'a démarqué après l'avoir vu accomplir sa passe pour se lancer sur celui qui en profitait.

Il est bien certain qu'en pratique, l'exécution de ces combinaisons n'aura pas la netteté des schémas par lesquels nous cherchons à les démontrer d'une façon plus complète. Il est d'ailleurs impossible de faire se mouvoir les joueurs sur le terrain à la façon rigoureusement mathématique des pions sur le damier, mais il est non moins réel que, malgré tous les aléas que comporte une partie de football, des joueurs clairvoyants peuvent, par un ensemble de combinaisons logiquement enchaînées, déterminer chez leurs adversaires des dispositions qu'ils avaient prévues et qui mettent ces derniers dans l'incapacité d'empêcher l'essai.

La grande erreur des trois-quarts centres est de ne pour ainsi dire jamais combiner entre eux, et de chercher seulement l'entente avec l'ailier qui les accompagne. On ne cite jamais, en effet, la collaboration intelligente de deux trois-quarts centres, alors qu'il est commun d'entendre vanter la souplesse de manœuvres de l'aile droite ou de l'aile gauche de la division d'attaque d'une équipe.

Il est naturel de considérer comme un très important élément de succès l'entente parfaite entre le trois-quart centre et son ailier, mais on peut affirmer avec certitude que les qualités offen-

sives d'une ligne des trois-quarts augmentent de 50 p. 100 si les
deux centres se décident non seulement à jouer avec leurs
ailiers respectifs mais aussi entre eux.

Ajoutons, au sujet de la passe d'un trois-quart centre à l'autre,
qu'elle doit être faite par le centre qui, porteur du ballon, arrive

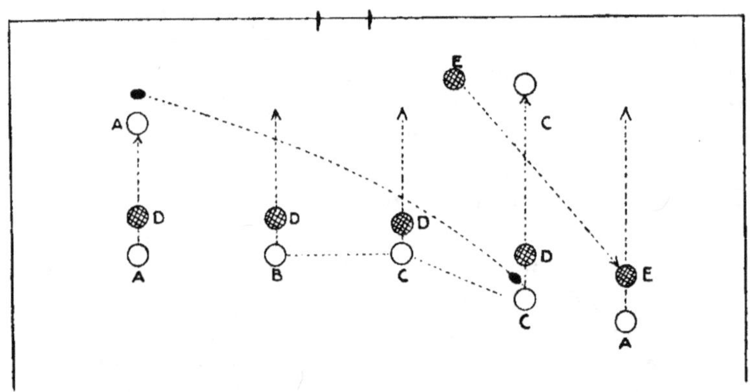

Fig. 28. — Coup de pied de déplacement.

accompagné de son partenaire centre et de son ailier devant un
seul adversaire. Le trois-quart centre bénéficie en ce cas de la
passe pour la raison qu'il est mieux placé que l'ailier pour
marquer l'essai au point le plus favorable à l'exécution du but.

Cette observation s'adresse, au demeurant, à tout joueur
porteur du ballon dans les mêmes circonstances.

Nous avons dit que le trois-quart centre en possession du
ballon pouvait encore le jouer en l'adressant directement à son
partenaire trois-quart à l'aile opposée soit par un coup de pied,
soit par une longue passe faite à la main. Le premier procédé
s'emploie exactement comme il a été indiqué au sujet du déplacement de jeu d'un demi d'ouverture attaquant. Nous compléte-

UNE REMISE EN JEU DANS LA DÉFENSIVE. — La ligne de touche doit être très courte, les avants étant ainsi plus rapidement en mesure de commencer le dribbling.

ATTAQUE PERSONNELLE ET FEINTE DE PASSE DU DEMI DE MÊLÉE. — Ce coup, qui se présente très rarement, a pour effet de mettre immédiatement en très grand péril la défense.

PASSE RENVERSÉE. *Premier temps.* — Le premier mouvement de la passe renversée consiste
à faire le simulacre de passer le ballon à un partenaire, placé à droite par exemple.

rons nos premières indications par cette remarque, qui s'applique également à tout joueur exécutant un coup semblable, ou donnant un coup de pied qui n'envoie pas le ballon en touche, qu'il doit absolument remettre en jeu tous ceux de ses partenaires qui se trouvaient entre lui et le camp ennemi au moment de son coup de pied.

Pour cela, et surtout dans le cas d'un coup de pied de déplacement, le donneur du coup de pied ne doit pas chercher à rejoindre le ballon mais à courir à toute vitesse parallèlement à la touche jusqu'au point situé à la même distance de la ligne de but adverse que le point de chute du ballon, ainsi qu'on peut s'en rendre compte par la figure 28 :

La phase de la partie indiquée par le diagramme est la suivante : le demi d'ouverture B a passé au trois-quart centre gauche C qui le suivait et ce dernier a donné à son tour le ballon à son partenaire C centre droit. Le nouveau porteur du ballon, s'apercevant que l'arrière ennemi E est, en suivant la direction générale de l'attaque, venu faire obstacle à la course du trois-quart aile droit A, juge que ce côté n'est plus favorable à l'attaque.

En conséquence, et toujours en pleine course, il envoie d'un coup de pied le ballon sur le côté opposé et de telle façon que son partenaire trois-quart aile gauche A ait plus de chance de le reprendre qu'aucun des joueurs de la défense adverse.

Cependant comme ses partenaires placés devant lui à ce moment ne pourraient jouer réglementairement le ballon s'il arrêtait sa course après son coup de pied, il continue à courir aussi rapidement que possible droit devant lui pour parvenir au plus tôt sur la même ligne horizontale que le point de chute du ballon.

Quand le donneur de coup de pied est ainsi parvenu à remettre en jeu ses partenaires, il peut les en prévenir par un cri quelconque.

Il lui est interdit toutefois d'engager ses partenaires à jouer le ballon avant de les avoir remis en jeu, et toute infraction à cette règle est punissable d'un coup franc ; cela dit pour éclairer bien des joueurs qui ignorent une faute qu'ils commettaient en toute occasion.

La passe du ballon faite à la main par un trois-quart centre à l'ailier opposé est bonne quand le passeur du ballon s'aperçoit que ses deux partenaires placés les plus près de lui à droite et à gauche sont marqués de très près, alors que le partenaire trois-quart à l'aile opposée n'est pas immédiatement menacé par un adversaire.

Cette passe ne peut être faite que par un joueur habile, et, à coup sûr ; c'est-à-dire qu'il faut être absolument certain que le ballon ne sera pas repris par un adversaire.

Ajoutons que le déplacement de jeu par coup de pied et que la passe directe d'un centre à l'aile opposée sont des procédés seulement applicables en territoire ennemi car, si par mauvaise fortune ils tournent à l'avantage des adversaires, ils lui permettent de gagner beaucoup de terrain.

Nous en arrivons maintenant à étudier un moyen d'attaque que nous avons quelque peine à recommander, étant donné que de nombreux joueurs pourront trouver en lui la justification d'une méthode ordinairement déplorable et qui consiste, pour le porteur du ballon, à chercher à échapper aux adversaires en courant vers une ligne de touche.

Comme il ne doit pas y avoir de confusion entre une bonne et une mauvaise tactique, disons tout d'abord que le moyen qui va nous occuper a pour but non de mettre le porteur du ballon hors de l'atteinte d'un adversaire, mais d'attirer deux opposants sur lui seul pour affranchir en conséquence l'un de ses partenaires.

Supposons, pour l'exemple, un trois-quart centre porteur du

ballon ayant une dizaine de mètres à courir sans être menacé
par l'adversaire qui vient sur lui et qu'il ne pense pourtant pas
pouvoir éviter. Ce joueur s'aperçoit en outre que ses partenaires attaquants sont individuellement menacés par autant de
joueurs défendants.

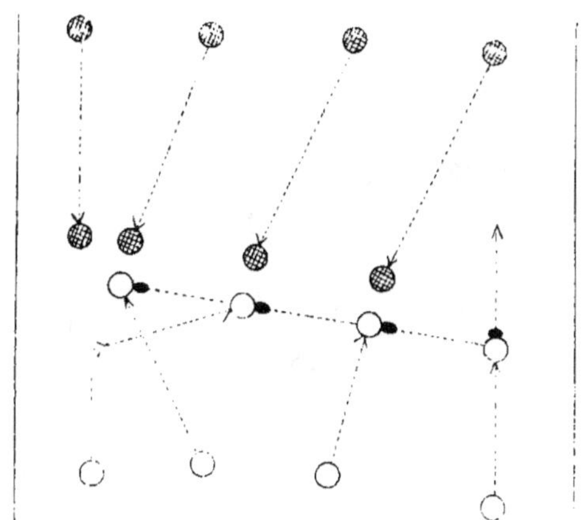

Fig. 29. — Attaque croisée.

Si, dans ce cas, le porteur du ballon dirige obliquement sa
course vers la touche qui est la plus proche de lui, il arrive
presque sûrement que, pour lui faire obstacle, son adversaire
direct se dirige de son côté vers le même endroit.

Cette manœuvre a donc eu, jusqu'ici, pour résultat d'amener
sur le même point du terrain un trois-quart centre et un trois-
quart aile adverses puisque ce dernier joueur se dirigeait de façon
à marquer le trois-quart aile qui lui était directement opposé.

Cependant, le trois-quart aile gauche attaquant, prévenu ou
s'apercevant de la manœuvre de son partenaire, a changé la
direction de la course qu'il avait d'abord commencée parallèle-

ment à la ligne de touche et qui avait attiré vers lui, ainsi que nous l'avons dit, le trois-quart aile droit adverse.

La nouvelle direction prise par l'ailier attaquant le porte sur le côté droit du porteur du ballon et ce dernier joueur, arrivant

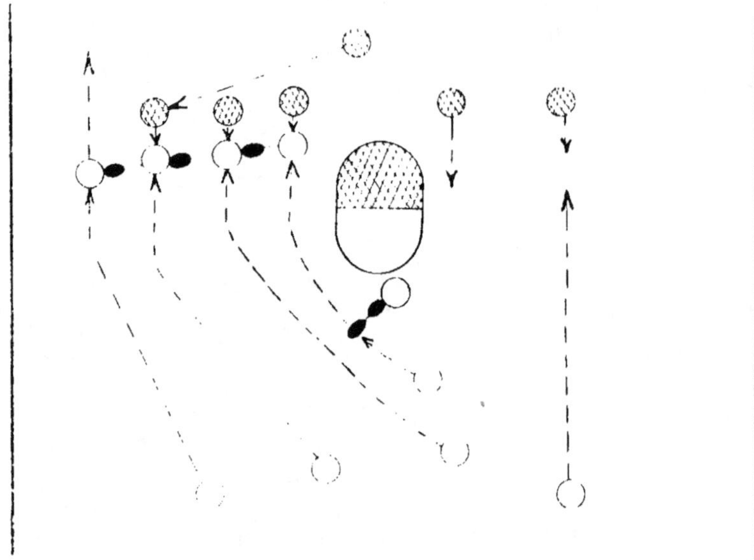

Fig. 30. — Changement de côté d'une attaque par le demi d'ouverture et le trois-quart centre droit.

en face des deux adversaires qu'il rencontre ensemble, se dessaisit du ballon à droite en faveur de son ex-ailier.

Cette manœuvre peut être mieux comprise par l'examen de la figure 29.

Le résultat définitif des opérations est maintenant facile à constater. Le trois-quart centre gauche attaquant, ayant à lui seul pris deux hommes à la défense adverse et chacun de ses partenaires s'étant, pendant ce temps, aussi favorablement placé qu'il est montré, la passe, faite par ceux d'entre eux menacés par leurs adversaires, donne définitivement le ballon à un joueur attaquant, complètement démarqué.

Le diagramme (fig. 30) est la démonstration de la manœuvre opérée par un trois-quart centre qui, attentif aux mouvements du demi d'ouverture, a suivi ce dernier joueur pendant qu'il changeait le côté de l'attaque pour tromper la défense adverse. Nous supposons, comme dans tous les exemples d'attaques que nous avons donnés, que le demi d'ouverture attaquant s'est affranchi de l'atteinte des demis opposés et cette supposition correspond d'ailleurs presque toujours à la réalité.

Dans le cas qui nous occupe, le trois-quart centre gauche de l'équipe quadrillée, trompé par la position première de son adversaire direct, s'est élancé immédiatement à sa rencontre au moment de la sortie de mêlée. Il en est résulté que, trop engagé dans une direction qu'il supposait être celle où il devait couper la route au porteur du ballon, il n'a plus aucune chance de participer à la défense sur la partie du jeu où l'attaque se produit réellement.

Il arrive, définitivement, que l'arrière défendant est obligé, par suite des passes qu'il voit s'accomplir normalement, de se lancer sur le trois-quart centre gauche opposé qui est en possession du ballon. Ce dernier joueur n'a plus alors qu'à faire sa passe, juste avant d'être arrêté, à son partenaire ailier, lequel doit avoir à ce moment un terrain débarrassé de tout obstacle entre lui et la ligne de but adverse.

Il arrive assez fréquemment qu'un trois-quart centre porteur du ballon, après une série de passes, voit arriver vers lui, dans une direction oblique, qui est toujours celle d'où lui est venu le ballon, un certain nombre d'adversaires dont la plupart sont des avants qui, relevés de la mêlée, se sont portés en toute hâte, et ainsi d'ailleurs que c'était leur devoir, vers l'aile attaquante.

Le trois-quart centre ainsi repoussé vers la touche n'a rien à attendre de bon d'une passe qui, faite à son ailier, attirerait sur ce joueur toute l'avalanche ennemie.

Il a plusieurs autres meilleurs partis à prendre.

Il peut, s'il a la chance d'avoir encore à côté de lui son partenaire de l'autre centre, lui retourner le ballon, car il est certain que ce dernier serait mieux placé pour continuer l'attaque.

Si encore il est sûr de la précision de ses coups de pied de déplacement, il a une excellente occasion d'adresser le ballon à l'aile attaquante opposée, qui a d'autant moins d'adversaires de son côté que les opposants sont plus nombreux devant le porteur du ballon. Il peut aussi manœuvrer avec son ailier de façon à intervertir leurs rôles et passer, ainsi qu'il a été dit, à l'aile en attirant complètement de ce côté le gros des ennemis, cependant que son ailier vient bénéficier au centre d'une passe sur un terrain plus libre.

Le trois-quart centre ainsi pressé par ses adversaires, alors qu'il est proche de la ligne du but ennemi, peut encore avoir une occasion de marquer personnellement un essai en exécutant un crochet et en poursuivant sa course vers le centre de la ligne de but qu'il veut franchir. Cette manœuvre est souvent employée avec succès, l'élan des adversaires et la crainte ordinaire qu'ils ont de voir l'ailier terminer le mouvement offensif les portant en masse sur ce dernier joueur, au bénéfice immédiat du porteur du ballon.

Ajoutons que le trois-quart centre, ainsi menacé dans son territoire, ne doit songer à autre chose qu'à gagner du terrain par un coup de pied en touche.

Le trois-quart centre qui a passé le ballon à son partenaire ailier et qui se rend compte : 1° que ce dernier aura bientôt l'opposition d'un adversaire ; 2° qu'un retour de passe ne lui redonnerait le ballon que devant un ou plusieurs ennemis, doit pro-

longer la ligne d'attaque en doublant, s'il en a la place, le
trois-quart aile entre ce joueur et la touche.

Le schéma (fig. 31) montre la manœuvre à accomplir et indique le résultat cherché.

Les trois-quarts centres puissants et rapides, doivent varier
leur jeu en cherchant quelquefois à pénétrer par la force une ligne

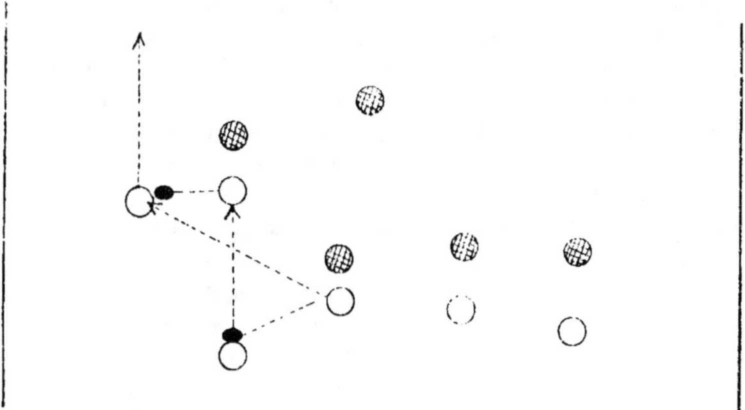

Fig. 31. — Attaque croisée, trois-quart aile gauche doublé vers la touche par son trois-
quart centre.

de défense composée d'individualités aussi nombreuses que les
joueurs attaquants, chacun de ces derniers ayant ainsi un adversaire direct.

La tentative de passage en force doit être en ce cas faite par
celui des trois-quarts centres attaquants qui est marqué par l'adversaire dont les arrêts sont les moins redoutables. Dans l'embarras du choix, il est bon que la passe des attaquants donne
en dernier lieu le ballon au trois-quart le plus puissant et le
plus rapide. Cette recommandation semble aller à l'encontre
de celle que nous avons faite d'attaquer en tenant un meilleur

compte de sa force plutôt que de la faiblesse de l'adversaire, mais cette remarque d'un caractère général s'applique surtout à la manœuvre collective et c'est, dans ce cas particulier, d'une action personnelle qu'il s'agit.

Il est utile d'ajouter que la passe qui donne le ballon à un partenaire, ayant seulement une dizaine de mètres de terrain libre devant lui, est préférable à tout autre système.

Si les trois-quarts centres attaquants s'aperçoivent que leurs adversaires espèrent se défendre en recherchant fréquemment l'interception de passe, leur rôle est extrêmement facilité. Une feinte de passe devant le naïf opposant conduit très près du but à atteindre le porteur du ballon escorté de tous ses partenaires.

La feinte de coup de pied est quelquefois très heureusement employée par des trois-quarts habiles qui, se présentant seuls devant un ou plusieurs adversaires, préparent ostensiblement un coup de pied de dégagement en touche. L'hésitation que ce geste fait naître presque toujours spontanément chez ceux qui en sont témoins est alors une circonstance très favorable pour que le porteur du ballon garde son bien et démarre à toute vitesse vers un champ plus libre. Les extraordinaires joueurs Néo-Zélandais se montraient particulièrement adroits à déconcerter ainsi leurs adversaires.

De même que les demis d'ouverture, les trois-quarts centres ont des occasions de rechercher le gain d'un but par le coup de pied tombé. Ils doivent songer à cette ressource lorsque leur course les conduit devant les poteaux de but ennemi, et qu'eux-mêmes et les partenaires qui les accompagnent n'ont rien à espérer de la tactique de la passe.

Une excellente combinaison entre les deux demis et l'un des trois-quarts centres placés derrière une mêlée formée à proximité et en face ou à peu près des poteaux du but adverse, est démontrée par le schéma 32.

Le demi de mêlée du camp blanc, en possession du ballon, feint de passer à son partenaire d'ouverture et, en continuant son mouvement, adresse réellement le ballon au trois-quart centre placé directement derrière lui.

La feinte a pour but d'attirer sur le demi d'ouverture et sur le centre et l'aile gauche du camp blanc presque toute l'opposi-

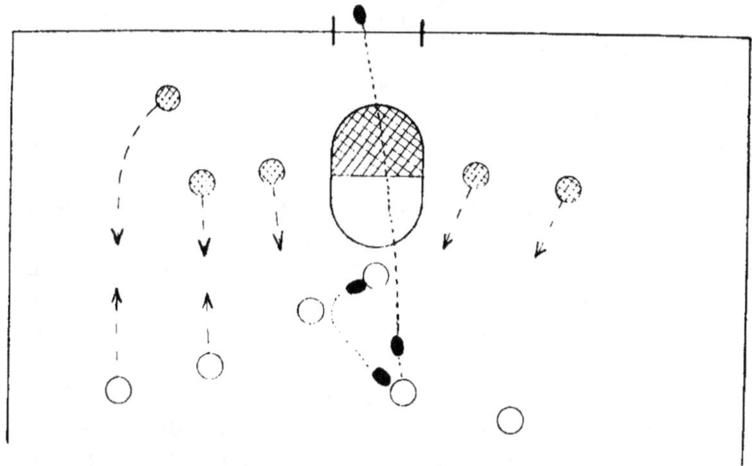

Fig. 32. — Combinaison des deux demis et du trois-quart centre droit pour essayer un but sur un coup de pied tombé.

tion des adversaires qui redoutent surtout une attaque par passes.

Il s'ensuit que le trois-quart centre droit est d'autant plus libre de ses mouvements pour préparer son coup de pied tombé avec tout le soin nécessaire à la réussite de ce coup.

DEUX CONDITIONS INDIS-PENSABLES AU SUCCÈS DE L'ATTAQUE PAR PASSES — Deux conditions sans lesquelles une attaque des trois-quarts par série de passes peut avoir comme seul résultat, de faire perdre du terrain à ceux qui devraient en gagner, sont :

La très grande rapidité avec laquelle ils doivent continuer l'offensive que le demi d'ouverture a dû lui-même commencer à une très vive allure.

La correction de la passe qui doit être faite seulement pendant une course à peu près parallèle aux lignes de touche, direction qui doit autant que possible être rigoureusement gardée.

Ces conditions sont surtout à signaler aux trois-quarts centres dont l'allure générale règle toujours celle de leurs ailiers.

Les centres attaquants doivent *forcer leur train* et fournir une telle vitesse qu'il soit nécessaire aux joueurs, pourtant plus rapides, qu'ils ont ordinairement à servir, à s'employer très sérieusement pour les suivre.

Il ne nous a jamais été donné de voir une ligne d'attaque française partir de telle façon, et même celles d'entre elles qui réunissent quatre joueurs individuellement renommés pour leur grande rapidité donnent une étonnante impression de lenteur dans ces occasions.

Par contre, quatre trois-quarts gallois — qui au demeurant sont encore les meilleurs modèles qu'on puisse citer — avec une vitesse individuelle évidemment inférieure, exécuteront des attaques d'ensemble à une allure qui paraîtra prodigieuse.

La cause de ce phénomène est simple, et sa disparition donnera à nos joueurs d'attaque une partie du style gallois le jour — que nous ne prévoyons pas, d'ailleurs, comme prochain — où les trois-quarts centres français se décideront à donner toute leur vitesse, quand ils seront porteurs du ballon.

Un des meilleurs trois-quarts ailes français à qui je signalais, après le dernier match joué entre notre quinze national et l'équipe du pays de Galles, l'extraordinaire différence d'allure montrée par les divisions d'attaque opposées, me répondait que l'excuse des joueurs français était le manque de souffle, qui empêchait nos trois-quarts centres d'exécuter fréquemment, à toute allure et comme leurs adversaires, des attaques sur la longueur entière du terrain.

A mon sens, cette excuse est la seule qui ne soit pas admissible. Si, en effet, je comprends la raison de notre infériorité en ce que nous avons du rugby des connaissances pratiques et théoriques bien moindres que celles de nos adversaires d'Outre-Manche, je ne puis entrevoir qu'il soit impossible à chaque joueur français, et particulièrement à ceux qui ont l'honneur de porter nos couleurs, de se présenter sur le terrain, en pleine saison de grands matches, désavantagés par un entraînement physique incomplet ou défectueux.

Comme nous avons examiné, au chapitre de la passe, la seconde condition imposée à l'attaque des trois-quarts, nous allons passer à l'étude du rôle que les ailiers ont à jouer en semblables circonstances.

LES TROIS-QUARTS AILES DANS L'ATTAQUE PAR PASSES En principe, la mission du trois-quart aile attaquant est de terminer le mouvement offensif en marquant l'essai.

Nous avons vu que, par suite des manœuvres combinées entre les demis et les trois-quarts centres, l'ailier attaquant n'a plus parfois qu'à utiliser sa vitesse sur un terrain libre pour accomplir sa tâche; mais il lui arrive aussi, et très fréquemment, d'être tout autre chose qu'un projectile lancé par une catapulte.

Les cas sont très fréquents, en effet, où les combinaisons qui ont précédé la passe reçue par un ailier n'ont pas réussi à dégager ce joueur de toute atteinte adverse, et c'est souvent l'arrière ennemi, que sa position fait assez bon juge de la direction réelle de l'attaque, qui vient barrer la route au porteur du ballon.

Avant d'examiner de quelle façon un ailier peut franchir ou tourner les divers obstacles qui se présentent sur sa route, imposons-lui comme devoir formel de se tenir, à très peu de chose près, toujours dans la même position par rapport à son partenaire du centre.

Cette attitude facilitera la tâche du porteur du ballon qui n'aura pas, à chaque occasion où il sera pressé par les adversaires, un nouveau calcul précis à faire pour que sa passe soit reçue en bonnes mains.

Le trois-quart aile placé sur le côté du trois-quart centre doit se maintenir au maximum de son allure de façon à se trouver en arrière de son partenaire au moment où la passe doit lui parvenir.

Ce démarrage exécuté en plein train par le joueur qui reprend le ballon, et, au moment précis où il arrive à la hauteur de la dernière ligne des adversaires défendants, met ces derniers en très grande difficulté.

Il est, en effet, très malaisé à l'adversaire direct du porteur du ballon, de remplir son office d'arrêteur sur un joueur qui a sur lui le bénéfice d'une bien plus grande vitesse pour lui échapper, soit en gagnant du terrain par un assez long détour, si toutefois il a eu le champ nécessaire, soit en ne lui laissant pas le temps de le saisir pendant l'instant très court qu'il passe à sa portée.

A moins qu'il ne s'agisse d'exécuter un mouvement convenu, comme par exemple une des interversions de rôle dont nous avons parlé, le trois-quart aile doit donc, invariablement, régler sa course sur le trois-quart centre, et cela, quelque étrange que puisse lui sembler la direction prise par son partenaire.

Rappelons, à ce propos, que le porteur du ballon est absolument responsable de la façon dont il en dispose et pour laquelle ses partenaires doivent lui laisser entièrement l'initiative. Les joueurs qui suivent n'ont pas autre chose à faire qu'à se placer au mieux pour profiter au moment voulu d'une attaque dont le sens, pour être excellent, avait pu tout d'abord leur échapper, ou pour réparer si possible les conséquences d'une erreur de leur partenaire au lieu de la lui reprocher en laissant leurs adversaires en profiter.

Il appartient, par la suite, au capitaine de faire au joueur malheureux ou maladroit les observations qu'il jugera convenables et de remplacer celui de ses équipiers dont la fantaisie peut devenir un sujet ordinaire de trouble dans l'équipe.

Revenons à présent à notre trois-quart aile, que nous avons laissé hésitant au moment d'arriver face à face avec un adversaire dont il juge l'arrêt comme certain.

Dans ce cas, plusieurs partis sont à prendre et chacun dépend des circonstances de temps et de lieu.

Si, la partie touchant à sa fin, son équipe est en avance de quelques points sur les adversaires et qu'un essai ne lui paraisse pas la conséquence certaine d'une passe retournée à son trois-quart centre, l'ailier porteur du ballon ne peut faire mieux que l'envoyer en touche le plus loin possible.

Si, au contraire, l'attaque a lieu en territoire ennemi, l'ailier ne doit considérer l'emploi du coup de pied en touche que comme un pis aller, et doit faire son possible pour que l'attaque se continue sans aucune interruption.

Le trois-quart aile, qui est alors favorisé par cette circonstance que son partenaire du centre a pu continuer sa course une fois la passe faite, doit apporter tous ses soins au retour de passe qui est encore le procédé le plus simple et le plus efficace que puissent employer les joueurs attaquants.

Si, par contre, son partenaire du centre n'est pas libre, il peut tenter la chance d'un coup de pied de déplacement sur l'aile attaquante opposée ou encore, par un des moyens que nous avons indiqués, faire passer le ballon au-dessus de l'atteinte de ses adversaires pour le reprendre derrière eux et continuer sa course.

Il arrive quelquefois, quand l'équipe attaquante a des avants consciencieux et actifs, que l'ailier est doublé au dernier moment par un ou plusieurs de ses co-équipiers de la première ligne. Le porteur du ballon doit naturellement profiter de cette circonstance au mieux des intérêts généraux.

L'essai réussi par un avant sur une passe de trois-quart est d'un excellent effet moral sur les joueurs de première ligne ainsi encouragés à continuer les efforts qu'ils font pour soutenir l'attaque de leurs partenaires des lignes arrières.

L'AILIER ET LES ATTAQUES SUR LE COTÉ FERMÉ — Les trois-quarts ailes sont les collaborateurs tout désignés des demis qui attaquent sur le côté fermé du jeu et aucune phase de la partie n'est plus agréable à suivre que la combinaison qui permet, ainsi que le montre la figure 33, au demi d'ouverture de terminer une attaque sur le côté fermé par un essai résultant d'un redoublement de passe avec son trois-quart aile.

En considérant la direction indiquée de la course des joueurs défendants et le sens opposé dans lequel la passe est faite, on peut se rendre compte que le passeur du ballon a bien des chances ensuite de continuer sa course pour obtenir le retour de passe qui est le moyen recherché pour arriver à l'essai.

Lorsque la mêlée est formée à quelques mètres seulement de

la ligne de touche, l'attaque sur le côté fermé est quelquefois
réussie par une passe directe du demi de mêlée au trois-quart
aile, en conséquence de la combinaison indiquée sur la figure 34.

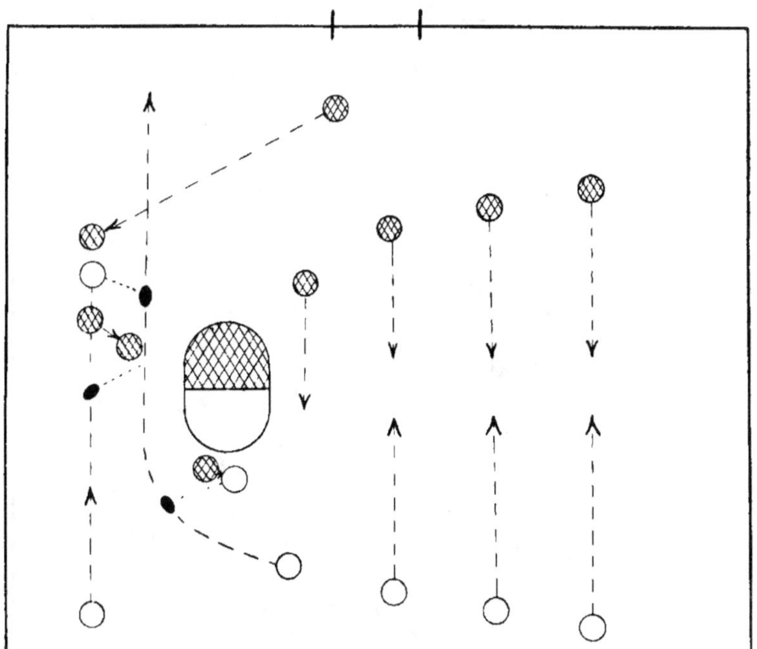

Fig. 33. — Attaque sur le côté fermé avec retour de passe du trois-quart aile gauche au
demi d'ouverture.

Ainsi qu'on le voit, le moyen recherché pour arriver à l'essai
est de donner une fausse direction à toute la défense adverse.

Ce moyen est parfois trouvé de la façon indiquée, c'est-à-dire
que pendant le travail de la mêlée les joueurs pour lesquels la
sortie était certainement prévue se sont tous placés sur le côté

ouvert du jeu et ont ainsi déterminé leurs adversaires à adopter une disposition inversement semblable.

Au moment de la sortie de mêlée, le demi attaquant feint de

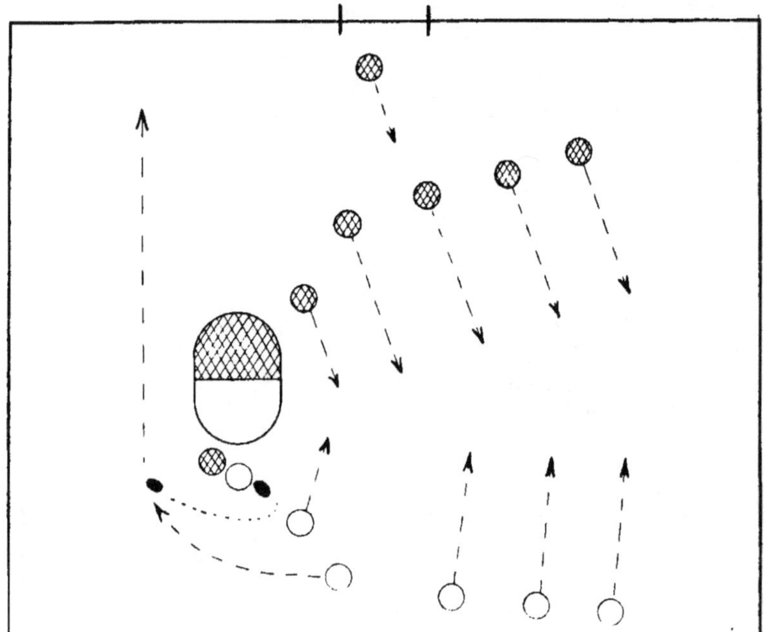

Fig. 34. — Combinaison des demis et du trois-quart aile gauche pour une attaque sur le côté fermé.

passer le ballon à son partenaire, lequel a commencé une course sur le côté droit du jeu suivi immédiatement de tous ses trois-quarts à l'exception de l'ailier gauche.

Trompés par ce mouvement général qu'ils n'ont pas le temps d'analyser, le demi d'ouverture et les quatre trois-quarts adverses se lancent à la rencontre de ceux dont ils prévoient une série de passe.

PASSE RENVERSÉE. *Deuxième temps*. — Le deuxième mouvement consiste à ramener le ballon près du corps en tournant les mains, le ballon suivant le mouvement.

Passe renversée. *Troisième temps.* — Le troisième mouvement de la passe renversée consiste à envoyer le ballon à un partenaire, du côté opposé à celui désigné au premier temps.

Cependant, le trois-quart aile gauche de l'équipe attaquante
s'est discrètement dirigé sur le côté fermé du jeu, ainsi entièrement dégarni d'adversaires, et a profité de la passe réelle du demi

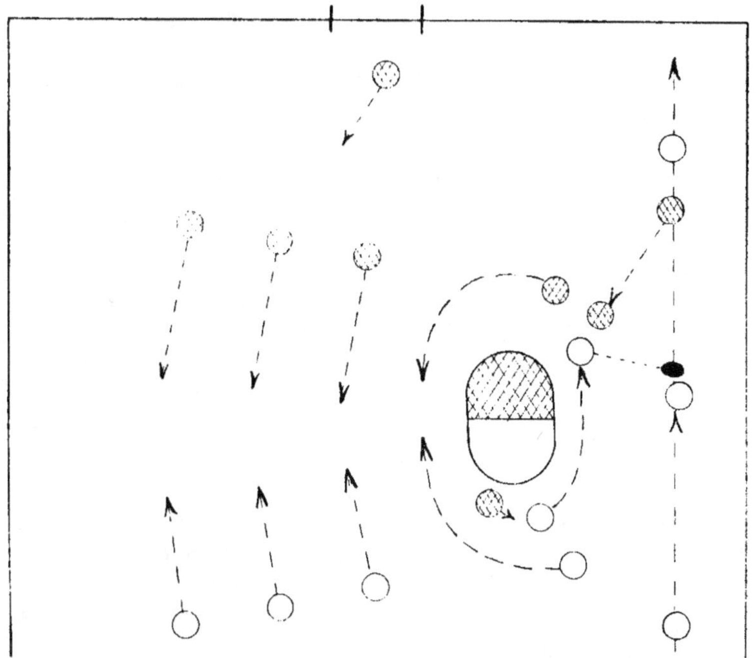

Fig. 35. — Autre attaque sur le côté fermé.

de mêlée avec le maximum des chances pour atteindre sans
encombre la ligne du but ennemi.

Cette tactique peut encore être variée de la façon suivante :

Au moment de la mêlée, le demi d'ouverture et le trois-quart
aile droit attaquants se sont placés sur le côté fermé du jeu (fig. 35).

A l'instant précis de la sortie du ballon, le demi d'ouverture simule un changement de position pour l'attaque et attire ainsi sur lui l'adversaire direct qui le marquait. Les trois-quarts de défense, voyant le mouvement précipité de leur partenaire sur un côté où une attaque peut très vraisemblablement se produire. suivent le mouvement, et il en résulte que le demi de mêlée attaquant qui a pu échapper à l'atteinte de son adversaire direct arrive, en tournant la mêlée sur le côté fermé, accompagné de son partenaire le trois-quart aile gauche, devant un seul adversaire.

La passe effectuée ou non entre les deux joueurs attaquants, suivant que le porteur du ballon est menacé ou que l'adversaire se dirige de préférence sur son partenaire, fait en tous les cas le chemin libre à l'un ou à l'autre.

Ces sortes de combinaisons entre les joueurs attaquant par passes derrière une mêlée victorieuse sont innombrables. Nous nous bornons donc à citer les plus classiques en signalant que le succès dépend beaucoup de la variété de l'emploi qu'on en fait.

Ajoutons, pour terminer le chapitre de l'attaque sur le côté fermé, que le dernier porteur du ballon qui trouve par mauvaise fortune sa route barrée par les adversaires détrompés à temps voulu, a encore l'excellente ressource de déplacer le jeu sur le côté opposé. C'est là une des occasions les plus favorables à la réussite du coup de pied de déplacement.

LE ROLE DES TROIS-QUARTS DANS LA DÉFENSE Derrière une mêlée battue, les trois-quarts ont le plus souvent à s'opposer à une attaque par passes des adversaires. Le point essentiel pour les joueurs défendants est d'enrayer l'offensive dès sa naissance même, si possible. Ils ne perdront ainsi que le minimum de terrain, et ils ne donneront à leurs ennemis que peu de chances de marquer l'essai.

En principe, il est généralement admis que chaque joueur doit arrêter l'offensive de l'adversaire dont la place correspond, directement, à la sienne.

Si en pratique il en était ainsi, la tâche des joueurs défendants

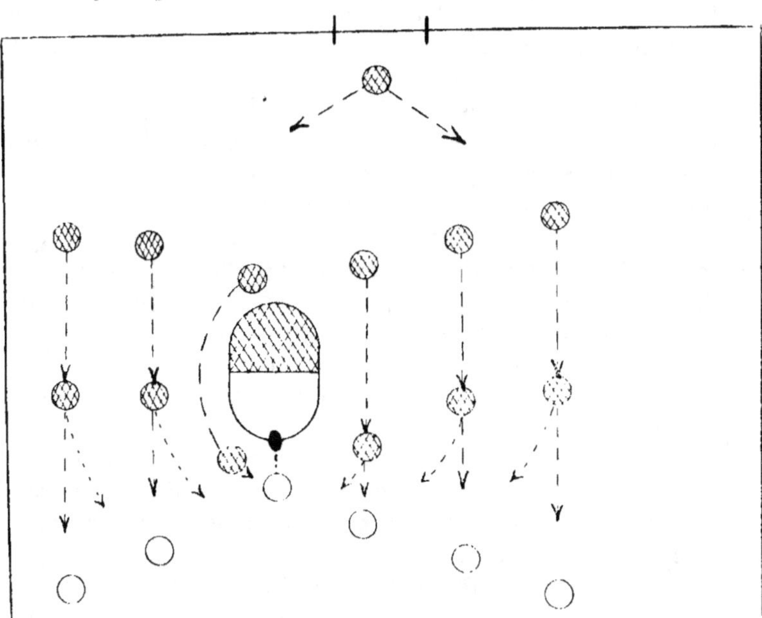

Fig. 36. — Défense des lignes arrières après la mêlée.

serait simplifiée, mais, ainsi que nous l'avons dit, le premier joueur attaquant, par le bénéfice qu'il a d'une certaine avance, peut au commencement même de l'offensive attirer sur lui seul deux adversaires, et voilà démolie, le plus simplement du monde, la belle ordonnance des deux demis défendants marquant les deux demis attaquants, cependant que chaque trois-quart a son trois-quart opposé juste en face de lui.

11*

Ce que nous disons-là est surtout pour calmer de très nombreux trois-quarts centres qui se plaignent amèrement d'avoir, à chaque occasion d'une attaque par passes des adversaires, non un trois-quart mais un demi à arrêter.

Il faut qu'ils prennent leur parti de cet état de choses que leurs demis, si bons qu'ils soient dans la défense, sont tout à fait incapables de changer quand ils ont devant eux deux adversaires agiles, adroits et connaissant bien leur métier.

Les trois-quarts centres éclairés sur ce point, examinons les opérations à exécuter par la ligne entière quand la sortie de mêlée est certainement prévue pour les adversaires.

La disposition générale de la ligne défendante doit tout d'abord correspondre exactement à celle de la ligne attaquante et cela, malgré la juste appréhension que l'on peut avoir d'être trompé sur le côté réel de l'attaque.

Toute autre disposition ouvrirait, en effet, un chemin magnifique aux joueurs attaquants, et ce n'est pas précisément le résultat à rechercher.

Chacun des trois-quarts défendants placé en face d'un adversaire direct doit se rapprocher de cet adversaire dès qu'il s'aperçoit que la manœuvre de son partenaire demi de mêlée lui apprend que le ballon est entre les jambes adverses.

La ligne entière des trois-quarts de défense devrait se trouver à la hauteur du groupe d'avants ennemis en mêlée, à peu près chaque fois que ceux-ci sortent le ballon.

MOUVEMENT EN AVANT A EXÉCUTER PAR LES TROIS-QUARTS DÉFENDANTS Il est de toute importance que ce mouvement des trois-quarts défendants soit exécuté avec ensemble, pour qu'au moment de la sortie de mêlée ils se présentent de front ainsi qu'il est indiqué sur la figure 36.

C'est, en effet, l'évidence même que si ce mouvement n'était exécuté que par un seul trois-quart centre et l'ailier de son partenaire de l'autre centre par exemple, les attaquants auraient à peu près le même effort à faire pour traverser la ligne de défense que s'il s'agissait pour eux d'enfoncer une porte ouverte.

Donc, les défenseurs arrivent de front à la hauteur de la mêlée adverse et c'est à ce moment qu'un point d'interrogation se pose pour chacun d'eux au sujet de celui des adversaires qu'il aura à arrêter.

Tout dépend des combinaisons des assaillants, mais il est un devoir absolu qui, une fois l'attaque commencée, s'impose à chaque trois-quart défendant et lui enlève toute incertitude. Le plus près du porteur de ballon doit l'arrêter ou, au moins, l'obliger à passer. Si, par la suite, les assaillants se présentent encore au nombre de deux devant un seul adversaire, ce dernier aura fait tout son devoir en arrêtant le porteur du ballon et cela, même si l'essai est marqué après une dernière passe.

Si, au contraire, un joueur de défense, seul devant deux adversaires, hésite à se lancer sur le porteur du ballon, et qu'il s'ensuive que les deux assaillants le passent à la fois, il a commis une faute absolument sans excuse.

Beaucoup de joueurs sont tentés à chercher un moyen de défense dans l'interception d'une passe faite entre deux assaillants. Ce moyen, très brillant et très efficace quand il réussit, puisqu'il intervertit immédiatement les rôles en faisant attaquer aussitôt des joueurs à ce moment même en mauvaise posture, n'est pourtant pas recommandable. En cas d'insuccès, il est en effet néfaste et ces cas malheureux sont beaucoup plus fréquents que les autres.

De plus, le stratagème une fois éventé ne prend plus jamais sur des adversaires qui ont un tant soit peu l'intelligence de la passe, et le joueur qui l'emploie d'une façon habituelle devient, en conséquence, absolument inutile à la défense de son équipe.

Si donc, dans les seules circonstances où l'on cherche à conserver une partie déjà acquise du territoire ennemi, on peut tenter la chance d'une interception de passe, il est nécessaire de ne pas user souvent de cette tactique qui est rigoureusement interdite au joueur défendant son propre terrain.

Quelques trois-quarts ont pour méthode de se rapprocher des adversaires dont ils prévoient l'attaque, à un tel point qu'ils se trouvent entre eux et le ballon avant la sortie de mêlée. Cette disposition est contraire à l'article du règlement qui interdit le hors-jeu, et l'équipe dont les joueurs l'emploient est punissable d'un coup de pied franc.

D'autres trois-quarts se placent, pour défendre, de façon à gêner le futur bénéficiaire de la passe et l'arrêtent même quelquefois avant qu'il n'ait reçu le ballon. Rien n'est plus contraire à l'esprit du jeu que cet acte qui en détruit toute l'harmonie, et le joueur qui l'accomplit n'a certes pas volé le coup franc qui le punit.

Lorsque l'un des joueurs assaillants a pu, porteur du ballon, pénétrer la ligne de défense des trois-quarts et continue sa course vers la ligne de but, tous les joueurs de l'équipe en danger ont pour devoir absolu de poursuivre le ou les attaquants. Il ne faut négliger aucune chance, si hasardeuse soit-elle, de sauver son camp, et peu de choses sont plus désagréables à voir par exemple qu'un joueur courant avec le ballon vers le but ennemi sur un terrain libre sans être poursuivi, trébucher, tomber et avoir pourtant le temps de se relever et de reprendre ensuite une course terminée par un essai.

Quand le porteur du ballon n'a plus que l'arrière à dépasser, ses poursuivants doivent essayer, par la direction de la course de chacun d'eux, de le rabattre sur l'homme sur qui ils fondent leur dernier espoir. Si cet espoir est encore déçu, ils n'en doivent pas moins continuer leur poursuite et faire leur possible pour atténuer les conséquences d'un essai inévitable en cherchant à empêcher le porteur du ballon de le déposer à l'endroit de leur camp le plus favorable à la réussite du but qui sera tenté par la suite.

Lorsque ce but est tenté, les joueurs défendants doivent se placer réglementairement et, au moment où le placeur pose, ainsi qu'il a été dit dans un chapitre spécial, le ballon à terre, s'élancer très rapidement au-devant du frappeur pour tenter de faire manquer la tentative.

Les cas sont très rares où l'on peut ainsi sauver des points à son équipe, mais cette considération n'arrêtera jamais un joueur consciencieux.

Les trois-quarts auront quelquefois à arrêter des attaques par dribblings ; il leur faut, en ces circonstances, procéder comme il a été dit à ce sujet.

LE ROLE DES TROIS-QUARTS A LA TOUCHE A chaque sortie du ballon en touche, les trois-quarts doivent considérer attentivement la façon dont peut être exécutée la remise en jeu.

Les centres trouveront ainsi, quand le fait se passera en territoire ennemi, bien des occasions d'accepter, de leur partenaire demi ou d'un de leurs avants, une longue passe dont les suites pourront être très profitables. Par contre, ils auront à veiller pour ne pas se laisser surprendre par une semblable attaque des adversaires. Pour leur part, les ailiers doivent être en mesure d'exécuter avec leur demi une combinaison du genre de celle que nous avons indiquée et ils ont, en outre, quelquefois à profiter d'un « en-avant » commis par l'avant adverse qui a tenté, sans succès, de s'emparer du ballon, pour marquer un arrêt de volée.

Il peut arriver, malgré que la méthode soit très souvent mauvaise, qu'un avant passe le ballon, qu'il vient de recevoir à la touche, au trois-quart aile placé derrière lui. Celui-ci doit bien considérer, s'il juge utile de s'en débarrasser par un coup de pied, qu'un groupe d'adversaires est probablement très proche devant lui et donner son coup de telle sorte que le ballon ne rebondisse pas sur l'un d'eux pour retomber ensuite derrière lui. Ce fait assez fréquemment constaté a, comme on peut facilement s'en douter, les plus fâcheuses conséquences.

LE ROLE DES TROIS-QUARTS AU MOMENT DES COUPS D'ENVOI ET DE RENVOI — Dans ces circonstances, les trois-quarts doivent se placer de façon à utiliser leur terrain le mieux possible, étant données les dispositions générales des deux équipes, et jouer individuellement le même rôle qu'on a indiqué à l'un ou à l'autre demi.

LE JEU DE
L'ARRIÈRE

Toute la théorie du jeu d'arrière consiste à peu près en ceci, qu'il doit être capable d'arrêter sûrement un joueur même lancé en pleine course, d'enrayer un dribbling pourtant sévèrement conduit, de reprendre de volée un ballon dans les positions les plus difficiles, de donner des coups de pied très longs et très précis de l'une ou de l'autre jambe, et enfin d'avoir assez de vitesse pour couper la course d'un adversaire qui cherche à l'éviter par un long détour.

L'entraînement peut donner à un joueur toutes ces qualités et quelques matches lui feront ensuite considérer avec tout le sang-froid nécessaire toutes les péripéties du jeu et juger en conséquence des différents points sur lesquels il doit se porter pour être le plus utile à son équipe ; c'est en quoi consiste entièrement sa tactique.

Cette tactique doit être aussi sobre que possible et s'il est permis à un arrière, qui reçoit le ballon alors que ses partenaires attaquent le territoire ennemi, de chercher un moyen de faire continuer directement l'attaque, il lui est rigoureusement interdit de songer à autre chose qu'au coup de pied de dégagement en touche le plus long possible, quand les opérations ont lieu sur le terrain de son équipe.

Si, par intention ou par maladresse, le ballon qu'il frappe ne trouve pas la touche, l'arrière doit se souvenir que le devoir que nous avons indiqué de remettre ses partenaires en jeu lui incombe comme à tout autre joueur.

Jamais un arrière ne doit se laisser tromper par une feinte de passe et il lui est rigoureusement imposé de mettre à terre le porteur du ballon.

Beaucoup d'arrières pour varier ce qui peut leur sembler monotone dans leur jeu et attirer sur eux l'attention et les applaudissements du public, cèdent à la tentation d'interpréter en fantaisistes un rôle qui demande au contraire une grande sobriété d'exécution.

Cette façon de faire tourne souvent à la plus grande confusion des fautifs et elle a toujours pour résultat d'inquiéter considérablement tous leurs partenaires d'attaque, qui perdent ainsi une bonne partie de leurs qualités offensives.

L'opportunité du coup de pied est une des principales qualités du jeu de l'arrière. Il lui faut, en effet, dans les cas très fréquents où, ayant du terrain libre devant lui, il reçoit le ballon, gagner par sa course le plus de champ possible avant de donner son coup de pied, en choisissant pourtant son moment de telle sorte qu'il ne soit pas gêné dans l'exécution de son acte par les adversaires qui courent à sa rencontre.

Sur ce sujet, il est utile de dire qu'il vaut mieux, pour l'arrière, donner son coup de pied trop tôt que trop tard. Il est évident, en effet, qu'il est préférable de raccourcir une course de quatre ou cinq mètres plutôt que de s'exposer à perdre les vingt-cinq ou trente mètres qui sont la distance moyenne d'un coup de pied de dégagement.

En principe, l'arrière doit encore forcer les joueurs adverses, qui suivent la trajectoire du ballon qui lui est parvenu, à accomplir la course la plus longue possible avant de donner son coup de pied. Toutefois, cette méthode, qui a pour but de fatiguer et de décourager les ennemis, ne doit jamais non plus exposer celui qui l'emploie à perdre le bénéfice de son coup de pied.

L'arrière qui, sur le point d'être bousculé par les adversaires, reçoit le ballon de volée, doit songer à marquer l'arrêt de volée et s'il n'en a pas le temps il lui faut faire extrèmement attention à ne pas, par un coup de pied trop rapide, faire rebondir le ballon sur le corps de l'un des joueurs qui l'entourent. Les conséquences de ce coup malheureux sont, on le conçoit, encore plus graves que celles du même acte accompli par un autre joueur.

Il arrive quelquefois qu'un arrière recevant le ballon est obligé par la course des adversaires à franchir sa propre ligne de but. Deux partis lui sont offerts dans un cas semblable. Il peut : ou poser le ballon à terre dans son camp, ou, s'il est assez rapide, continuer sa course pour rentrer dans le jeu à l'endroit où il trouve le terrain libre et dégager son camp par un coup de pied en touche.

Le choix de l'un ou de l'autre de ces moyens est déterminé par les circonstances. Le premier, qui donne lieu par la suite à une mêlée formée à cinq mètres de la ligne de but est à employer dans les cas de grande nécessité, et un bon arrière ne négligera jamais une occasion de se servir de l'autre qui peut faire gagner un terrain très précieux à son équipe.

Quand un arrière est dépassé par une attaque en dribbling, il doit se lancer au plus vite à la poursuite du ballon et, s'il parvient à devancer de très peu celui des adversaires qui va toucher le ballon derrière la ligne de but et marquer ainsi l'essai, il fera beaucoup mieux de donner un très fort coup de pied qui envoie le ballon hors du terrain de jeu, que de chercher à le toucher, car le premier moyen est beaucoup plus sûr que l'autre.

Lorsqu'un arrière reçoit un ballon dont un seul adversaire a suivi la trajectoire et qu'à part cet ennemi le terrain est libre pour sa course, il ne doit pas immédiatement donner son coup de pied car il est très facile, étant de pied ferme, d'éviter au dernier moment l'atteinte d'un seul adversaire lancé à toute vitesse. S'étant donc écarté de son ennemi, il utilisera de son mieux le champ qu'il trouvera libre avant de donner son coup de pied.

L'arrière qui arrête un dribbling et qui reste couché sur le ballon pour permettre à ses partenaires débordés de reconstituer derrière lui une nouvelle ligne de défense, doit se souvenir que les règlements punissent d'un coup franc cette façon de procéder. Il agira suivant ses réflexions qui devront être d'autant plus rapides que le fait se passera à proximité des poteaux du but qu'il défend.

Un des points les plus délicats du jeu de l'arrière est de juger s'il doit forcer sa course pour reprendre un ballon de volée ou la ralentir pour le reprendre à son rebond.

Le premier moyen est préférable, puisqu'il met plus tôt le ballon entre les mains de l'arrière qui a ensuite plus de temps pour préparer son jeu, mais il est souvent plus risqué et les adversaires qui suivent bien ont la partie facile quand l'arrière qu'ils ont devant eux, lancé à toute allure, manque le ballon et laisse ainsi sans défenseur la ligne de but qu'il protégeait.

Toutefois, la pratique déterminera un arrière adroit à se placer ordinairement de telle sorte qu'il puisse, presque à coup sûr, reprendre en pleine course le ballon de volée.

L'arrêt d'un joueur par un arrière doit être exécuté aussi nettement et aussi rudement que possible. Ainsi que le fait très justement observer E.-Gwynn Nicholls, le football n'est pas un divertissement de salon et il importe que les arrêts de l'arrière imposent à ses adversaires la plus grande considération.

Quand un arrière a un coup de pied de dégagement à donner près de sa ligne de but et que le vent lui est très défavorable il doit, s'il a du terrain libre, courir vers la ligne de touche la plus proche pour assurer la sortie du ballon du terrain de jeu, tout en gagnant naturellement le plus de champ possible. En tout état de cause il lui faut, plus que jamais, soigner la préparation et l'exécution de son coup de pied.

L'ARRIÈRE DANS L'ATTAQUE Nous avons dit qu'il était quelquefois donné à l'arrière de prendre une part active à l'offensive de ses partenaires.

Les occasions d'attaquer ne lui seront jamais données autre part qu'en territoire ennemi, et lorsque son équipe aura le grand avantage ou le désavantage des points, vers la fin d'une partie, c'est-à-dire que la participation de l'arrière à l'attaque ne doit jamais compromettre la stabilité d'un léger avantage.

La meilleure occasion d'attaquer qui puisse être offerte par l'arrière est quand il reçoit des adversaires un ballon dont la longue trajectoire n'a pas été suivie. Il peut alors commencer une longue course en la dirigeant suivant qu'il a l'intention d'amorcer avec ses trois-quarts une série de passes ou de déplacer le jeu sur l'aile où ses partenaires sont le moins gênés par ses adversaires.

Dans le premier cas, il courra parallèlement à la ligne de touche et dans le second il obliquera légèrement sa course dans une direction opposée à celle qu'il donnera au ballon par son coup de pied de déplacement. Cette tactique peut, en effet, avoir pour résultat d'éclaircir encore le nombre des adversaires défendants sur la partie du terrain qui sera définitivement menacée.

Sur le coup de renvoi d'adversaires ayant le vent contre eux, l'arrière bien placé trouve parfois des occasions très favorables à la tentative du gain d'un but sur coup de pied tombé. Est-il utile d'ajouter que ces occasions ne doivent pas être négligées, non plus que celles des arrêts de volée qui peuvent encore se présenter en semblables circonstances.

LE CAPITAINE

LA tâche du capitaine comporte des devoirs très nombreux dont chacun est d'un accomplissement extrèmement délicat.

Son rôle n'est pas tant d'être un athlète brillant par ses moyens physiques que d'être un *joueur* ayant une connaissance très approfondie aussi bien de l'esprit que de la pratique du football. La pondération, qui doit être une de ses principales qualités, lui fera raisonnablement utiliser son intelligence du jeu dans toutes les circonstances de chaque partie et adopter toujours la meilleure tactique quelles que soient les conditions matérielles ou morales qui se présentent à son observation et qui sont, pour les premières, la nature du terrain et les conditions atmosphériques, et pour les secondes, la force et la faiblesse de ses partenaires et de ses adversaires et l'état d'esprit général de ceux-ci comme de ceux-là à chaque moment d'une partie.

Examinons en détail chacune de ces conditions.

Avant la partie, les deux capitaines adversaires tirent au sort, en présence de l'arbitre. Celui des deux que la chance favorise peut : ou choisir le camp qu'il préfère occuper pendant la première moitié de la partie, ou demander le bénéfice du coup de pied d'envoi.

Il y a très souvent un grand intérèt à choisir le camp, et les raisons qui déterminent un bon capitaine sont : la force et la

direction du vent. la position du soleil et, plus rarement, l'in-
clinaison du terrain.

Il ne suffit pas, cependant, d'avoir choisi l'emplacement le
plus favorable pour jouer ; mais, et c'est la chose importante,
il faut faire adopter à son équipe la tactique la plus propre à
faire fructifier les avantages dont on a été favorisé par le sort
ou, en quelque sorte, jouer raisonnablement les atouts dont on a
le bénéfice sur l'adversaire.

Si évidente que paraisse cette proposition, il est beaucoup
de capitaines qui, une fois leur choix fait, n'ont aucun souci d'en
tirer profit. Personnellement, nous avons eu, au cours de la saison 1907-1908, une occasion exceptionnelle de constater ce
curieux phénomène. Il s'agissait d'un match très important,
puisque son résultat comptait pour le Championnat de Paris.
Le Racing Club de France et le Sporting Club Universitaire
étaient en présence. Les deux équipes avaient déjà fait match
nul en une précédente rencontre et les résultats des matches
qu'elles avaient disputés depuis les montraient exactement de
même valeur. Pourtant, au jour de la rencontre dont nous par-
lons, la tâche des pronostiqueurs sembla des plus faciles. Le
vent soufflait, en effet, avec une telle force parallèlement aux
lignes de touche, qu'il apparut comme certain que la partie serait
gagnée avant même d'être jouée par celle des deux équipes
favorisée par le sort pour le choix du camp.

Les pronostiqueurs en furent, une fois de plus, pour leur courte
honte, car le Racing Club ne sut jamais profiter de l'énorme
avantage que le hasard seul lui donnait. En effet, le capitaine
des racingmen se contenta de faire exécuter à ses hommes leurs
attaques ordinaires par passes, alors qu'une tactique basée sur
l'emploi de longs coups de pied en touche aurait, en moins de
vingt minutes de jeu, exténué ses adversaires au point de les
rendre incapables de s'opposer, par la suite, à des attaques plus

UNE REMISE EN JEU. — Contrairement à ce que l'on doit faire dans la défensive, il est avantageux de faire, dans l'attaque, une longue remise en jeu. Cette tactique est à conseiller surtout à l'équipe dont les] trois quarts sont supérieurs.

Une mêlée. — La mêlée formée, le demi se dispose à placer le ballon en mêlée. Il doit
dans tous les cas indiquer à ses avants le côté par lequel le ballon pénètre dans la mêlée.

Bonne attaque par passes des trois quarts. — La passe parfaitement établie a bien
souvent pour résultat de donner définitivement le ballon à un joueur attaquant émarqué.

directes ; ce manque d'à-propos fut cause que les joueurs du Sporting purent sans trop de peine organiser une défense très serrée et que le match nul fut le résultat d'une partie qui pouvait être gagnée de loin pour des raisons complètement étrangères à la valeur réelle des deux quinze. Le capitaine du Racing, un très brillant joueur pourtant, fut en cette occasion le seul responsable du fait que la victoire ne revint pas à son équipe.

Donc, pendant la partie, le capitaine ne doit pas oublier les raisons qui ont déterminé son choix.

Si le vent souffle très fort vers le but adverse, la meilleure chose à faire est de recommander à tous les équipiers possédant un long coup de pied de ne négliger aucune occasion de l'employer. Chacun de ces joueurs, en possession du ballon, devra quand il aura le champ libre, l'utiliser en ayant seulement pour objectif de terminer sa course par le coup de pied. Souvent même, en ce cas, il est préférable de ne pas courir et de laisser les adversaires fournir la plus longue course possible avant de retourner le ballon dans leur camp. La répétition des courses qu'ils exécuteront ainsi inutilement contre le vent fatiguera et découragera promptement les moins entraînés et les moins consciencieux d'entre eux, de telle sorte que les autres, malgré toute leur vaillance, ne pourront supporter les attaques qui auront directement leur ligne de but comme objectif.

Il est évident que si le joueur qui s'apprête à donner un coup de pied s'aperçoit qu'une passe faite à l'un de ses partenaires donne un essai certain, il doit abandonner sa première idée, mais le principe de la tactique du coup de pied en touche doit, en ce cas, être ordinairement maintenu, par les lignes arrières, jusqu'à vingt-cinq mètres de la ligne du but ennemi.

Si, par un vent normal, le capitaine a été guidé dans son choix par la position du soleil, qui gênera ses adversaires lorsqu'ils auront à suivre la trajectoire du ballon, il lui faut recommander à ses hommes l'emploi des coups de pied qui enlèveront le ballon assez haut pour le faire retomber dans le terrain de jeu. Cette tactique permettra à ses hommes de gagner du terrain en suivant et en continuant immédiatement l'attaque avec le ballon qu'ils auront beaucoup plus de chances de reprendre, à son point de chute, qu'un adversaire à peu près aveuglé.

Par les temps de pluie et lorsque le terrain et le ballon sont très glissants, les attaques par passes faites à la main sont extrêmement difficiles. Le capitaine imposera de préférence à son équipe la tactique des mêlées tournées et des attaques par dribblings, et, dans ce cas plus que jamais, il lui faudra surveiller ses hommes de très près pour exiger de chacun d'eux qu'il collabore à l'action commune d'une manière intelligente et très consciencieuse, faute de quoi toute manœuvre disparaîtrait bientôt pour faire place à la plus désagréable confusion. Signalons à ce propos que quinze joueurs constamment soucieux de garder le bon ordre dans leurs opérations trouvent encore un grand agrément dans les parties qu'ils disputent par les plus mauvais temps.

Le capitaine qui a le choix du camp sur un terrain en pente doit prendre le haut du terrain, en partant de ce principe qu'il est important de s'assurer l'avantage le plus tôt possible.

En dernière ressource, le capitaine favorisé par le sort garde le bénéfice du coup d'envoi.

Il arrive quelquefois, au cours d'une partie, qu'un joueur soit suffisamment touché pour être obligé de quitter le terrain. Suivant la place qu'occupait ce joueur, le capitaine peut avoir à remanier son équipe.

Le mieux qu'il puisse faire est presque toujours de faire former sa mêlée à sept avants. Deux formations sont à sa disposition en ce cas. La première est la formation zélandaise. Elle place, comme nous l'avons dit, deux hommes en première ligne, trois en seconde ligne et deux en troisième ligne. La seconde manière

est de mettre trois joueurs en première ligne et quatre en
seconde ligne.

Le capitaine qui choisit la formation zélandaise doit recommander à ses hommes de première ligne de tâcher de se rendre
compte avant de se placer en mêlée si la remise du ballon sera
effectuée par un partenaire ou par un adversaire.

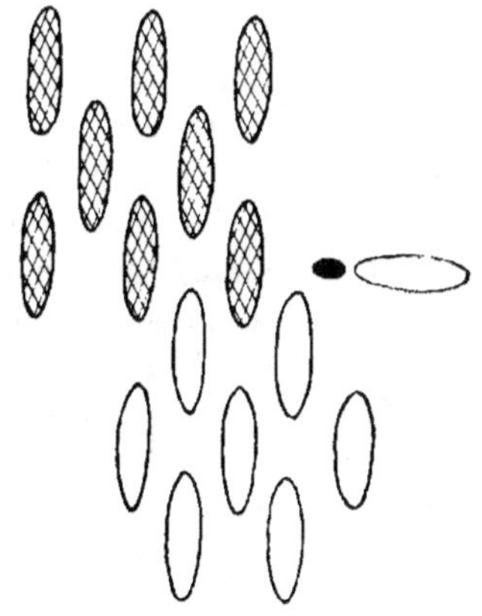

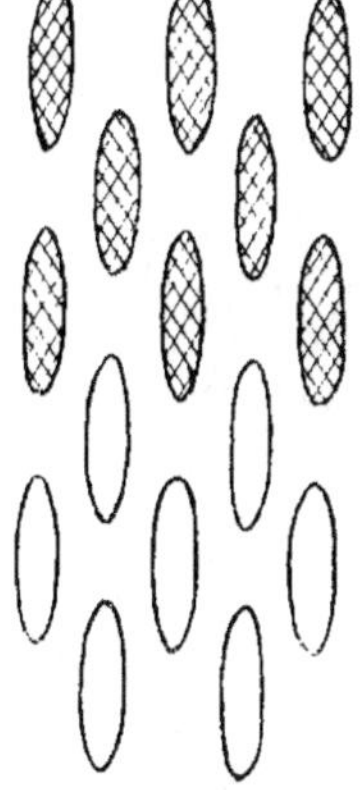

Fig. 37. — Formation de la mêlée zélandaise opposée à la mêlée ordinaire.

Fig. 38. — Autre formation de la mêlée
zélandaise.

Dans le premier cas, ils feront leur possible pour se placer en
débordant complètement sur un côté la mêlée adverse, ainsi
que le montre la figure 37.

On voit qu'en procédant ainsi on peut encore avoir une bonne
chance pour la sortie de mêlée.

Si cette disposition de sept joueurs, très en saillie sur la
mêlée des huit adversaires, est bonne quand on prévoit le côté
par où entrera le ballon en mêlée, elle est désastreuse quand le
ballon pénètre du côté où les adversaires ont l'avantage du

nombre. Il faut donc la changer quand c'est le demi adverse qui
fait la mise en mêlée et les deux joueurs de première ligne se
placeront pour cela entre le joueur centre de la première ligne
opposée et chacun de ses deux partenaires.

La figure 38 montre la meilleure disposition à adopter par sept
avants pour contrebalancer les efforts de huit adversaires.

Le capitaine qui aura à annihiler la manœuvre tentée par sept
adversaires désireux de se placer en saillie sur l'un des côtés
de sa mêlée doit recommander à l'un de ses
joueurs de première ligne d'attendre que les
adversaires aient adopté leurs dispositions
et de se placer ensuite à droite ou à gauche
pour emboîter complètement le front ennemi.

Si le capitaine n'ayant plus que sept
avants préfère former sa mêlée sur deux
lignes il lui faudra faire placer deux hommes
derrière entre chacun des trois joueurs de
première ligne comme le montre la figure 39.

Il est encore possible d'obtenir de bons
résultats en formant la mêlée sur deux lignes

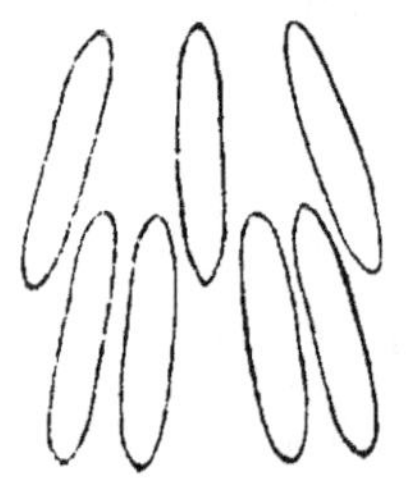

Fig. 39. — Formation
d'une mêlée de sept
joueurs sur deux
lignes.

de quatre joueurs en première et de trois en seconde.

Quand une équipe est très supérieure par ses avants, son
capitaine peut être heureusement inspiré en retirant un homme
de la mêlée pour adopter l'une ou l'autre des formations que
nous avons décrites. Le joueur retiré de la mêlée prendra, par
la suite, un poste qui est d'ailleurs cédé définitivement dans
les équipes zélandaises et dans un certain nombre d'équipes
anglaises où le joueur qui l'occupe est appelé dans les premières
« winger » (ailier) et dans les secondes « The rover », c'est-à-dire
le rôdeur ou le corsaire. Ce nom convient à merveille à celui
qui doit être sans cesse en mouvement autour de la mêlée soit
pour tomber aussitôt que possible sur le demi adverse qui va

saisir le ballon, soit pour protéger son propre partenaire contre une semblable atteinte. La principale mission du « Rover » est surtout de faciliter, autant que possible, la tâche de ses partenaires demis.

Il est bien entendu que le capitaine, s'il s'aperçoit que son idée de faire jouer sept avants seulement en mêlée n'est pas heureuse, doit reprendre la formation de huit hommes.

Nous en arrivons maintenant à la partie la plus délicate du rôle du capitaine, c'est-à-dire à examiner l'ascendant qu'il doit avoir sur ses équipiers.

Il importe, avant toute chose, que son autorité soit indiscutée et, pour cela encore, les raisons sont bonnes qui désignent au capitaine plutôt le joueur laborieux que le joueur brillant. Si, en effet, ce dernier se fait souvent admirer par la hardiesse heureuse de ses actes, il lui arrive quelquefois d'être en mauvaise posture ; l'évidence de ses fautes fournit alors souvent matière à la raillerie des mauvais esprits que peut compter une équipe. Au contraire, le joueur qui remplit intégralement son rôle ne prête presque jamais à la critique et s'impose toujours à la considération de ses camarades dont il peut exiger des efforts en tout semblables aux siens.

Dur pour lui-même, le capitaine doit être sévère pour ses joueurs. Toutefois, cette sévérité doit être intelligemment appliquée et chaque observation doit être faite dans une forme en rapport avec les raisons qui l'ont motivée.

Par exemple, il est très mauvais de reprocher trop vivement à un joueur, ordinairement adroit, de manquer une occasion de reprendre le ballon. Le joueur s'est, en effet, parfaitement rendu compte qu'il a commis une maladresse et, comme ce n'est pas son habitude, une observation, même légère, ne peut avoir d'autre résultat que d'accentuer le dépit que, de lui-même, il a déjà ressenti et de l'énerver contrairement à toute idée raisonnable.

Les débutants ont à ce sujet droit à beaucoup d'indulgence et si, malgré leurs qualités connues d'adresse, ils font de premières tentatives malheureuses, il est du devoir de leur capitaine de les rassurer très amicalement et de les mettre ainsi en confiance.

Le capitaine doit encore faire observer, avec beaucoup de tact, les erreurs de tactique commises par des joueurs qui se croyaient bien inspirés. Quelquefois même, quand, pendant la mi-temps ou après la partie, il reprendra le sujet de ses précédentes observations avec les fautifs, il admettra leur manière de voir pour la discuter et s'efforcer ensuite, non de démontrer que les raisons qui les déterminèrent étaient complètement absurdes, mais qu'il y avait beaucoup mieux à faire.

Par contre, le capitaine ne sera jamais trop sévère avec les joueurs qui, de parti pris, n'obéissent qu'à leurs seules inspirations et ne tiennent aucun compte des indications qui leur sont données par celui qui a la plus grande part de responsabilité.

Il est parfaitement inutile de vociférer des reproches à de tels joueurs pendant la partie et de discuter avec eux par la suite. Le plus simple et le meilleur est de se séparer d'eux car il est complètement impossible d'établir un jeu raisonnable pour une équipe qui compte dans ses rangs un seul de ces énergumènes.

En général, le capitaine évitera de reprocher longuement et vivement les fautes individuelles. Une observation très nette, avec, en cas de récidive, la menace d'une prochaine exclusion, fera plus d'effet sur un joueur qu'une longue semonce qui peut être discutée.

C'est aux joueurs paresseux que le capitaine doit adresser ses plus véhémentes observations, en les surveillant continuellement sans leur laisser un instant de répit. En stimulant ainsi nominativement des avants connus par leur mollesse on arrive quelquefois à leur faire accomplir des prodiges et à leur donner en conséquence le goût indispensable de l'activité.

Un bon capitaine doit connaître le caractère de chacun de ses hommes et profiter de cette connaissance pour ne les réprimander qu'à bon escient. En tous les cas, si, après la partie, les observations qu'il a faites peuvent être discutées par les joueurs qui en ont été l'objet, elles doivent être acceptées sans réplique au moment même où elles sont faites. Un bon capitaine reconnaîtra toujours par la suite le plus ou moins d'à-propos de ses observations, mais il ne souffrira jamais qu'on les discute pendant le jeu.

Le capitaine doit exiger le plus grand silence pendant la partie et couper court à toute tentative faite par un de ses équipiers pour engager une discussion, soit avec un adversaire, soit avec l'arbitre. L'observation faite en ce cas doit avoir un tel caractère d'énergie que le joueur fautif n'ait pas même l'idée d'une réplique.

Les seules voix qu'il faudrait entendre pendant une partie de football sont : celles des capitaines et celles des demis lorsqu'ils ont à donner à leurs avants en mêlées d'indispensables indications.

Le grand art du capitaine est de faire admettre son autorité absolue aussi discrètement que possible, c'est-à-dire en évitant de blesser très profondément les sentiments d'amour-propre et même de vanité que chaque joueur possède à un degré plus ou moins élevé. Pour cela il lui faudra trouver la meilleure forme à donner à ses observations. Les reproches les plus durs peuvent être acceptés quand ils sont bien formulés et l'importance de la faute commise apparaît souvent d'autant plus grande que l'observation en est faite avec modération.

Si, au cours d'une partie, le capitaine s'exaspère des actes d'un de ses équipiers ordinairement bon joueur et qu'il lui adresse des reproches que lui-même par la suite juge trop vifs, il ne pourra mieux faire que de prendre à part, après le match,

le joueur fautif et s'excuser auprès de lui de son excès de
rigueur en lui démontrant que, sentant la responsabilité qu'il a
des intérêts de tous, il peut lui arriver de se montrer parfois ner-
veux en voyant cette responsabilité mal engagée par la faute
d'un autre.

Il est très rare que la mauvaise humeur d'un joueur résiste à
de telles démarches. Lorsqu'il en est autrement, c'est-à-dire,
en langage vulgaire, quand un équipier garde une dent à son
capitaine, le mieux pour ce dernier est de le remplacer;
l'équipe entière n'en fera que mieux par la suite.

Est-il nécessaire d'ajouter que quand un capitaine s'est rendu
compte de l'injustice des reproches qu'il a adressés à l'un
de ses joueurs il doit, aussitôt qu'il le peut, reconnaître très
franchement son erreur auprès de celui qui en a été la victime.

Par de semblables démarches, un capitaine peut s'assurer l'at-
tachement de tous ses joueurs et il ne viendra pas à l'idée d'un
seul d'entre eux de répliquer à une observation quelconque,
même injuste, puisqu'il sera certain de voir son mérite reconnu
par la suite.

Un capitaine consciencieux recherche tous les détails qui peuvent être une cause d'infériorité pour son équipe. C'est ainsi
qu'il doit examiner avant et après chaque partie la tenue de ses
joueurs pour conseiller aux négligents soit l'emploi d'un maillot
plus collant et donnant aux adversaires une prise moins sûre,
soit le remplacement des crampons qui manquent ou qui sont
trop usés aux souliers, etc...

Il ne faut pas tourner en ridicule la conduite d'un capitaine
qui s'occupe de tous ces détails. Ils sont beaucoup plus importants qu'on ne le pense, et, personnellement, nous avons le souvenir d'un match comptant pour la finale du Championnat de
Paris qui fut perdu par le Racing Club de France, parce qu'un
de ses joueurs, sur le point de marquer un essai sans aucun

empêchement, glissa et tomba à un mètre de la ligne de but adverse, faute d'avoir à ses souliers des crampons suffisants.

Le capitaine doit, entre chaque match, rester autant que possible en relation avec ses équipiers pour causer avec eux soit des péripéties de la dernière partie, soit des prochaines éventualités. Ces relations doivent être d'ailleurs assurées au moins une fois chaque semaine par une séance d'entraînement qui, dans un local fermé ou si possible sur le terrain, réunira au complet tous les joueurs de l'équipe. Le capitaine trouvera là la meilleure occasion de compléter les observations faites au cours du dernier match, de découvrir avec ses équipiers les côtés faibles du jeu du quinze et d'une étude faite en commun sur les moyens de pro-gresser.

Une excellente chose à faire pour le capitaine est d'écrire, pour être lue en ces réunions, une courte et très nette analyse du jeu fourni par chacun de ses hommes dans la partie précédente. Cette analyse doit mettre bien en évidence les fautes caractéristiques individuelles, mais laisser néanmoins toujours et à tous une impression encourageante.

Il est absolument indispensable que le capitaine réunisse tous ses joueurs sur le terrain au moins une heure avant le commencement d'une partie. C'est à peine le temps nécessaire pour que chaque joueur soit convenablement équipé au moment voulu et qu'une dernière conférence ait lieu avant le coup d'envoi.

Pendant la mi-temps, le capitaine doit également rassembler tous ses joueurs pour leur faire individuellement les observations qu'il juge utile et indiquer à tous la tactique générale à suivre. Il devra encore, à ce moment, trouver les paroles d'encouragement convenables pour redonner à ses hommes une confiance peut-être ébranlée par un début malheureux ou pour les faire persister sans défaillance dans un effort qui, jusqu'à ce moment, leur a donné le succès.

Le capitaine ne doit surtout pas tolérer qu'un seul de ses joueurs profite de la mi-temps pour aller, comme cela se voit très souvent, faire des grâces parmi les spectateurs et ne revenir sur le terrain que lorsque les deux équipes sont déjà en ordre et face à face. Rien n'est plus ridicule que ces scènes de cabotinage et il dépend absolument du capitaine qu'elles ne se produisent pas.

Lorsque, pendant la partie, un équipier est assez sérieusement touché pour ne pas pouvoir se relever, son capitaine doit immédiatement prévenir l'arbitre qu'il ait à arrêter le jeu.

Le capitaine doit ensuite se rendre compte de l'état du blessé et le faire transporter immédiatement, aussi convenablement que possible, en dehors du terrain de jeu en confiant aux personnages officiels ou officieux qui, Dieu merci, sont toujours en nombre auprès des lignes de touche, la tâche de soigner le blessé.

Un joueur touché ne devrait jamais rester plus d'une minute sur le terrain. S'il pense pouvoir reprendre la partie, qu'il reste sur la ligne de touche, sinon qu'on le conduise au vestiaire mais que le jeu reprenne au plus tôt son cours.

Un capitaine ne devrait pas accepter les services d'un joueur qui revient sur le terrain qu'il a quitté par suite d'une entorse. Ce joueur peut, en effet, gêner considérablement ses partenaires et ne peut absolument rien faire contre les adversaires.

Avant la partie il est du devoir du capitaine d'examiner si rien dans l'équipement des joueurs adverses n'est de nature à blesser un de ses hommes par un simple contact. Les souliers à crochets et les ceintures à ardillons sont particulièrement dangereux et il faut les signaler à l'attention de l'arbitre qui a pour devoir de les faire enlever.

Lorsque, pendant une partie, un capitaine ne s'explique pas les raisons qui ont déterminé l'arbitre à accorder un coup franc à ses adversaires, il peut se renseigner auprès de lui, mais il ne doit jamais discuter sur la plus ou moins de justesse de la décision qui pénalise son équipe.

Le motif de sa demande doit être simplement de connaître celui de ses joueurs qui a causé la pénalité pour lui faire ensuite les observations utiles.

Si un capitaine ne doit jamais discuter une décision de l'arbitre il lui est tout à fait interdit de quitter le terrain avec ses joueurs, même quand il croit son équipe victime d'une très évidente partialité. Ce fait excessivement fréquent, il y a quelques années, est heureusement de plus en plus rare, car le départ des victimes a toujours un caractère solennellement grotesque qui n'est pas du tout à leur avantage.

Plutôt que de donner à lui-même et à ses partenaires un tel ridicule, le capitaine doit faire jouer ses hommes en toute conscience jusqu'à la dernière minute et laisser ensuite à ses adversaires la satisfaction peu enviable de leur victoire.

Si pourtant le match disputé dans ces conditions avait un caractère officiel, le capitaine doit user de la ressource qu'il a de faire appel contre les décisions de l'arbitre qui lui ont semblé irrégulières, auprès de la commission spécialement formée par l'Union des Sociétés Françaises des Sports Athlétiques pour juger ces sortes de différends.

Les règlements autorisent le capitaine à décider si le ballon envoyé en touche par les adversaires doit être remis en jeu par le procédé du demi le lançant aux avants formés sur une seule ligne perpendiculaire à la touche, ou par le moyen d'une mêlée. Le moyen choisi doit naturellement être celui qui présente le plus d'avantages. Le système de la mêlée est préférable quand on a des avants plus lourds et surtout plus en souffle que ceux de l'ennemi.

Il appartient encore réglementairement au capitaine quand un hors-jeu, commis par les adversaires, a été sifflé par l'arbitre, de choisir entre une mêlée formée à l'endroit du terraiu d'où s'est enlevé le ballon et un coup de pied franc donné sur l'emplacement même où la faute a été commise.

Le simple bon sens décidera un capitaine à ne pas imiter un de ses collègues qui fut célèbre au Racing-Club pour réclamer la mêlée dans chaque occasion semblable alors que le coup de pied franc pouvait parfois faire gagner trente mètres de plus à son équipe ; il est vrai que par ailleurs ce capitaine marquait consciencieusement des arrêts de volée sur des coup de pied donnés par ses propres équipiers. Nous donnons simplement ces exemples pour démontrer l'utilité d'observations dont on nous aurait peut-être reproché la futilité.

Le capitaine doit exiger de chacun de ses joueurs qu'il remplisse toutes les obligations de son rôle et défendre que, sous prétexte de nouvelles et irrésistibles combinaisons, un ou plusieurs joueurs ne donnent pas la part qu'ils doivent rigoureusement à l'action commune.

Cette importante observation nous rappelle une anecdote qui nous fut rapportée par un joueur anglais de l'équipe bien connue des « Harlequins ».

Les Harlequins disputaient à Londres un match très important contre « Blackheath », si notre mémoire nous sert bien. Pendant les trente premières minutes du jeu les avants des Harlequins montrèrent sur leurs adversaires en mêlées une très nette supériorité à la grande satisfaction de leur capitaine qui jouait au centre de la première ligne. Tout le portait à croire que cet heureux état de choses était d'un caractère durable lorsque brusquement, il cessa et les huit avants adverses jusque-là dominés, se mirent en chaque occasion à balayer comme fétus et le capitaine des Harlequins et ses partenaires.

La mi-temps arriva sans que le pauvre capitaine pût éclaircir ce désagréable mystère. Il allait, pendant le repos, commencer avec ses équipiers une enquête très sérieuse pour arriver à ce résultat, lorsqu'un vieil homme, spectateur assidu de tous les matches importants de rugby, se dirigea vers lui contrairement à tous les usages et, avec une indignation mal contenue qui s'expliquait chez un vieux connaisseur :

— Savez-vous, lui dit-il, que depuis dix minutes vous formez votre mêlée avec cinq joueurs ? puis il s'éloigna sans attendre une réponse que le prodigieux ahurissement de son interlocuteur rendait, au demeurant, plus que problématique.

On dut, paraît-il, prolonger l'arrêt réglementaire de la partie pour faire comprendre à l'infortuné qu'il avait été mystifié par l'un de ses demis, l'international Stoop qui, grand innovateur en matière de stratégie, avait jugé à propos d'expérimenter une nouvelle tactique, basée sur le retrait de toute la dernière ligne de mêlée dont les individualités devaient, jointes aux lignes arrières, multiplier les combinaisons d'attaque.

Il va sans dire que le trop fantaisiste Stoop avait décidé sans peine les trois avants de dernière ligne à quitter un poste auquel ils ne sont pas ordinairement retenus par des considérations sentimentales et que seul le capitaine ignorait les nouvelles et surprenantes dispositions adoptées par ses équipiers.

Il est à penser que, dès que celui-ci eut recouvré sa voix, il s'en servit d'une façon magnifique mais peu flatteuse pour ses partenaires en général et pour l'international Stoop en particulier.

Cette petite histoire nous servira encore de transition pour indiquer que si un capitaine peut être choisi parmi les avants, il est préférable, quand on en a la possibilité, de donner le commandement à l'un des joueurs d'attaque, mieux placé pour se rendre compte de chacune des phases de la partie.

Dans de très nombreuses sociétés françaises, pratiquant le football rugby, l'autorité du capitaine de l'équipe est entièrement subordonnée à celle d'une commission spéciale ou d'un comité.

Il résulte d'un tel état de choses qu'un capitaine se voit souvent imposer un joueur qu'il juge incapable et que beaucoup de décisions qu'il a prises sont, malgré leur caractère rigoureusement technique, annulées par des assemblées dont les membres ne devraient s'occuper que des questions administratives intéressant et l'équipe et la société.

C'est un très mauvais système que de diminuer ainsi l'autorité du capitaine. Il est infiniment préférable de le laisser absolument libre de former et de remanier son équipe comme bon lui semble et toutes les observations qui lui sont faites à ce sujet devraient être formulées comme une demande de renseignements et ne jamais avoir un caractère autoritaire.

Le capitaine doit former son quinze d'équipiers dociles, exacts et surtout aimant le jeu pour lui-même et non pour les satisfactions de vanité qu'ils peuvent en retirer auprès du public et dans leur entourage.

A l'époque actuelle où les grands matches de rugby sont suivis par le public qu'il est convenu d'appeler « chic », beaucoup de joueurs s'occupent bien plus de faire admirer leur personnalité, aux petits amis ou petites amies qu'ils comptent dans la galerie, que de collaborer honnêtement à l'action commune.

Ces joueurs qui ne daignent d'ailleurs s'exhiber que lorsqu'il s'agit de disputer un match important sont bien les êtres les plus insupportables du monde.

Leur suffisance et leur détestable esprit sportif empestent, si j'ose dire, l'équipe qu'ils pensent honorer de leur présence. En les renvoyant définitivement rejoindre l'élégante compagnie avec laquelle ils fréquentent ordinairement les « grands bars », pour les remplacer par des joueurs, quelquefois moins bien doués physiquement mais d'un moral plus sain, un capitaine accomplira véritablement une œuvre de salubrité.

Le capitaine doit exiger de chacun de ses joueurs qu'il assiste très régulièrement aux séances d'entraînement qui doivent réunir, entre chaque match, tous les équipiers, et remplacer dans son quinze ceux de ses joueurs qui manquent, sans une bonne raison, à une ou deux de ces assemblées.

L'ARBITRE

Un chapitre spécial des règlements indique à l'arbitre toutes les occasions qu'il peut avoir d'exercer son autorité et quelle décision il doit prendre en chacune de ces occasions. On pourrait, en conséquence, croire que le premier venu, à condition qu'il connaisse par cœur les huit ou dix pages des règlements, peut arbitrer convenablement une partie. Il n'en est rien et c'est dommage, car le nombre des bons arbitres est vraiment très restreint. Pour bien arbitrer une partie, il faut la diriger à la satisfaction des joueurs des deux équipes et des spectateurs.

Le proverbe populaire qui indique la difficulté qu'il y a à contenter tout le monde et son père peut donc à merveille s'appliquer à l'arbitre, et celui-là a un mérite tout à fait exceptionnel qui sait prendre des décisions assez raisonnables pour être acceptées sans murmure par ceux mêmes qu'elles désavantagent.

L'arbitre, dont l'autorité a le plus de chances d'être ainsi acceptée, est ordinairement un joueur dont les qualités de technicien et de praticien sont généralement reconnues. La condition d'impartialité n'est que secondaire, car il est extrêmement rare qu'elle ne soit pas remplie convenablement par un arbitre auquel l'amour du jeu pour lui-même a seul pu donner les deux premiers avantages.

La principale condition nécessaire à ce qu'une partie soit arbitrée à la satisfaction générale est que le jeu subisse le minimum d'arrêts. En conséquence, le bon arbitre ne doit pas siffler toutes les fautes qui se produisent, mais seulement celles qui font subir un réel préjudice à l'équipe contre laquelle elles sont commises.

Bien souvent, en effet, au cours d'une partie, des actes irréguliers sont accomplis dont les conséquences n'ont pas la plus légère influence sur le résultat de la partie.

Il appartient à un bon arbitre de laisser, dans ces circonstances, le jeu suivre son cours et d'éviter ainsi aux deux équipes comme aux spectateurs de voir arrêter des opérations quelquefois intéressantes pour un motif qui échappe à tout le monde.

L'arbitre devra même, dans ces occasions, d'autant mieux peser sa décision qu'elle est susceptible, au lieu de donner à une équipe la réparation d'une faute sans conséquence commise contre elle, d'en faire véritablement une victime.

Un exemple fera mieux ressortir la justesse de cette proposition :

Un article des règlements indique que, pour toute faute involontaire non prévue, l'arbitre doit ordonner une mêlée à l'endroit où l'infraction a été commise.

Supposons donc pendant une mêlée une faute de cette nature et que, pourtant, la sortie s'exécute en faveur de l'équipe non fautive.

L'arbitre, en ce cas, ayant constaté et la faute et son inconséquence, applique néanmoins strictement le règlement et ordonne une nouvelle mêlée.

Cette nouvelle mêlée s'accomplit cette fois sans infraction, mais son résultat inverse est de donner le ballon à ceux qui ont précédemment commis la faute involontaire.

L'absurdité de la décision réglementaire de l'arbitre est en

ATTAQUE PERSONNELLE DU DEMI DE MÊLÉE. — Le demi de mêlée a quelquefois l'occasion de gagner du terrain avant de passer à son partenaire d'ouverture. C'est presque toujours ce dernier qui lui signalera ces occasions.

FIN DE MÊLÉE. — Le ballon à la sortie de mêlée n'a pas été repris par le demi d'ouverture (Match Angleterre contre South Africa). Le capitaine anglais Cartwight tente de le reprendre.

En Angleterre et en Amérique, les matches de football attirent des foules innombrables. En France, depuis plusieurs années, le public s'est également intéressé à ce jeu.

ce cas parfaitement évidente puisqu'elle a donné un très réel désavantage à ceux qui n'auraient eu aucunement à souffrir de l'incorrection de leurs adversaires.

Dans tous les cas d'ailleurs, l'arbitre doit être déterminé bien plus par l'esprit du jeu que par le désir de respecter intégralement le texte de son code.

De la façon dont leur rôle est interprété, on peut classer les arbitres en trois catégories :

L'arbitre ordinaire, le bon arbitre et le mauvais arbitre.

L'arbitre ordinaire est celui qui applique le règlement à la lettre, le bon arbitre celui qui juge surtout d'après l'esprit du jeu et le mauvais arbitre est celui qui interprète le code contrairement à cet esprit.

Prenons un exemple et voyons comment se comportera un arbitre de chacune de ces catégories dans les différentes circonstances qu'il aura de voir un « en avant » se produire.

Les règlements indiquant simplement que l' « en avant » doit donner lieu à une mêlée à l'endroit où il a été fait, l'arbitre ordinaire arrêtera le jeu à chacune des nombreuses occasions où il s'apercevra de cette faute et rendra ainsi la partie ennuyeuse pour tout le monde.

Le bon arbitre comprendra que la règle de l' « en avant » a été établie pour limiter les moyens d'offensive qui auraient été absolument irrésistibles s'il avait été permis aux joueurs attaquants de s'échelonner et de se passer le ballon dans la direction du but adverse, ou si le porteur du ballon avait pu se libérer de l'atteinte d'un ennemi en se débarrassant sans aucune science du ballon, lorsqu'il arrive à sa portée. En conséquence, il n'ordonnera une mêlée que quand, sur une passe, le ballon aura été lancé à un joueur qui précédait déjà le porteur du ballon car cette attitude est contraire à l'esprit du jeu et il laissera l'attaque suivre son cours quand bien même le bénéficiaire de la passe, emporté par sa course beaucoup plus rapide que le joueur qui lui a donné le ballon, aurait légèrement devancé son partenaire avant l'acte de la passe.

Lorsque l'on considère que beaucoup d'essais marqués dans ces circonstances sont régulièrement inévitables, on est très choqué que le bénéfice puisse en être retiré à leurs auteurs qui n'ont péché que par excès de brio.

En outre, l'arbitre ne sifflera jamais un « en avant » qui, résultant d'une maladresse, profitera aux non fautifs ou ne leur fera subir aucun dommage. Si, pourtant, un capitaine conscient de la supériorité de ses avants réclamait une mêlée après un « en avant » de ses adversaires, il est du devoir de l'arbitre de faire droit à sa demande car elle pénalise, en quelque sorte, un acte maladroit et cela en bonne justice.

Il est évident, par contre, qu'un bon arbitre imposera d'autant moins la mêlée à l'équipe non fautive dont les avants sont inférieurs.

Le mauvais arbitre, dans ces circonstances, pensera que l'esprit du jeu lui commande seulement d'arrêter la partie le moins souvent possible. En conséquence il sifflera à intervalles à peu près réguliers et sans aucun discernement sur le caractère de la faute commise. Bien des parties ainsi mal dirigées, donnent des résultats complètement faux, surtout quand elles ont été disputées par des équipes de forces sensiblement égales.

Le plus déplorable est que les mauvais arbitres peuvent, par la suite, opérer de la même façon sans qu'on songe à les critiquer ou à les éclairer, tant sont rares les véritables connaisseurs.

A ces trois catégories d'arbitres on peut en ajouter une quatrième : celle des arbitres partiaux. Il n'y a rien à dire de cette catégorie si ce n'est qu'elle est exclusivement composée d'imbéciles.

Indulgent pour les fautes qui proviennent de la simple maladresse, le bon arbitre doit être extrêmement sévère pour tout acte accompli consciemment contre l'esprit du jeu.

Quelques coups francs généreusement distribués à une équipe, qui emploie ordinairement une tactique incorrecte, donneront en moins de dix minutes, toute la loyauté désirable à ses opérations et la partie se déroulera par la suite presque sans interruption.

Il est recommandable à l'arbitre de réunir, avant la partie, les deux capitaines de chaque équipe et de leur indiquer en quelques mots précis sa manière de comprendre le jeu. Chaque capitaine avertira ses joueurs en conséquence.

Les fautes que l'arbitre doit surtout ne pas laisser impunies, sont à notre sens :

L'immobilisation du ballon par un joueur tenu ;
Le hors-jeu des demis ;
Le hors-jeu des trois-quarts ;
La brutalité individuelle.

Il est très facile de juger le premier de ces cas, car l'impossibilité pour un équipier de jouer utilement le ballon est, quand elle se produit, d'une évidence toujours très nette et les circonstances de l'arrêt d'un dribbling sont encore plus apparentes.

Le hors-jeu des demis est, comme nous l'avons dit, plus délicat à juger ; rappelons encore aux arbitres que l'excès de sévérité est, sur ce point, préférable à l'excès d'indulgence.

Par contre, il n'y a pas d'hésitation possible au sujet du hors-jeu des trois-quarts qui se placent pour mieux défendre, avant même la sortie du ballon, entre la mêlée et leurs adversaires directs.

Cette faute énorme échappe pourtant à bien des arbitres trop attentifs à suivre les péripéties du travail des avants et les mouvements des quatre demis. Il est absolument nécessaire de

compléter ce contrôle par l'observation des trois-quarts et punir
d'un coup franc toute infraction de ces derniers à la règle du
hors-jeu. A ce sujet, nous donnons pour ce qu'elle vaut, l'idée
qui nous est souvent venue que la tolérance presque générale
du hors-jeu des demis et des trois-quarts était une des causes
de la faiblesse d'attaque de nos lignes arrières irrégulièrement
paralysées dans presque toutes les occasions qu'elles ont d'attaquer et de se perfectionner ainsi par la pratique.

L'acte d'un joueur qui gêne intentionnellement l'adversaire
qu'il prévoit être le futur bénéficiaire d'une passe ne doit pas non
plus échapper à la vigilance de l'arbitre. Le coup franc s'impose pour toute tentative occasionnelle et l'exclusion de la
partie peut être prononcée contre un incorrigible récidiviste.

Cela nous amène à dire que l'arbitre ne doit pas hésiter à
faire quitter le terrain aux joueurs qui cherchent à affaiblir
leurs adversaires par la brutalité.

La nécessaire sévérité du jeu fait, en effet, courir bien assez
de risques à ceux qui le pratiquent pour qu'ils ne soient pas
exposés à de très graves dangers en raison de la stupide
méchanceté d'adversaires incapables d'ailleurs, de trouver le
succès d'une manière intelligente.

L'arbitre est presque toujours moralement responsable des
accidents qui arrivent ainsi dans la partie qu'il dirige. Pour
s'éviter d'abord des regrets personnels et pour se montrer
digne de la confiance que lui ont faite les joueurs convenables
qui l'ont accepté il doit, après un seul avertissement, interdire
la continuation de la partie à tout joueur volontairement dangereux pour la personne de ses adversaires et signaler ensuite la
conduite du fautif à la fédération d'où dépend sa société.

L'arbitre doit faire connaître ses décisions aussi brièvement
que possible et en tous les cas ne jamais les faire suivre du
moindre commentaire. Une seule exception peut être faite à

cette règle quand un capitaine veut connaître celui de ses joueurs qui est la cause de la pénalité infligée à son équipe.

L'arbitre doit avoir un entraînement physique tel qu'il puisse suivre de très près toutes les phases de la partie. Cette condition est absolument nécessaire et il n'y a rien de bon à attendre d'un arbitre qui se contente de surveiller de loin les actes des joueurs qu'il doit diriger.

Tout en suivant de très près les opérations des joueurs qui se disputent le ballon, l'arbitre doit s'efforcer de ne gêner aucun d'entre eux. Spécialement, au moment d'une mêlée, il veillera à ne pas faire obstacle, à la sortie du ballon aux attaquants ou aux défendants.

Si pourtant il a, par sa seule présence, empêché un joueur défendant d'exécuter un arrêt certain, il doit arrêter le jeu et le faire reprendre par une nouvelle mêlée pour ne pas être la cause injuste du désavantage d'une équipe. Le cas est d'ailleurs très rare et c'est heureux pour l'harmonie générale.

Quand une équipe procède à une tentative de but sur coup de pied placé ou sur coup de pied tombé, beaucoup d'arbitres ont pour principe d'aller se placer entre les deux poteaux visés pour juger de la trajectoire du ballon.

C'est une très mauvaise méthode. La place de l'arbitre est alors auprès de l'endroit où le ballon va être posé et frappé. Il pourra à cette seule place décider dans le premier cas, si la charge des joueurs défendants s'accomplit réglementairement au moment précis où le ballon touche terre et s'il est nécessaire de faire respecter par les joueurs attaquants la règle du hors-jeu.

La mission de juger la trajectoire du ballon appartient aux juges de touche.

L'arbitre doit avoir une très grande rapidité de jugement pour arrêter ou non le jeu suivant les circonstances. Les fautes qui lui semblent devoir nécessiter son intervention doivent être sifflées d'une manière très brève et très nette, presque aussitôt qu'elles ont été commises, et il n'y a qu'un seul cas où il lui est permis et même ordonné de revenir sur une décision prise, c'est lorsque ayant sifflé un « en avant » et ordonné une mêlée, il constate qu'un joueur a réussi à marquer un arrêt de volée sur la faute de ses adversaires. Le coup franc est alors accordé et la décision qui ordonnait la mêlée annulée.

Il est très important que les arbitres sifflent au plus tôt les arrêts de volée qu'ils constatent. Leur trop longue hésitation, en ces circonstances, expose le marqueur à être très malmené par ses adversaires.

L'arbitre ne tolérera naturellement jamais qu'un joueur quelconque cherche à discuter avec lui. Il ne répondra pas un mot à celui qui en ferait la tentative, mais il préviendra le capitaine du discoureur que, s'il est nécessaire, il mettra terme à son éloquence en le faisant sortir du terrain. Le capitaine se chargera probablement d'éviter à l'arbitre d'en arriver à cette extrémité.

Recommandons, pour terminer, aux arbitres de se munir d'une bonne montre qu'ils auront le soin de remonter et d'un sifflet au son très net qu'ils attacheront avantageusement à une partie quelconque de leur vêtement.

Faute d'observer cette dernière recommandation, il arrive à bien des arbitres de laisser choir leur sifflet et de se donner le ridicule de le chercher longuement sur le terrain cependant que le jeu se continue au petit bonheur à quelque cinquante mètres du directeur de la partie.

LES JUGES
DE TOUCHE

CHAQUE capitaine désigne ordinairement une personne à qui est confié le soin d'indiquer à l'arbitre chaque fois que le ballon sort du terrain de jeu, soit qu'il ait été lancé par un coup de pied, soit que le joueur qui le possède ait franchi la ligne de touche ou simplement posé un pied sur elle.

Dans chacun de ces cas le juge de touche doit lever un petit drapeau dont il est muni et se placer au plus vite à l'endroit de la touche où il a vu le ballon sortir.

Que la remise en jeu soit effectuée par le procédé ordinaire ou par le moyen d'une mêlée, le juge de touche doit maintenir son drapeau levé pendant toute la durée de la remise en jeu. Cette façon de faire facilite les rôles des joueurs et de l'arbitre.

Si, ayant levé son drapeau, le juge de touche constate que l'arbitre a vu son geste et n'y donne néanmoins aucune suite, il n'a rien d'autre à faire qu'à baisser pavillon et attendre une nouvelle occasion de signaler son existence à l'arbitre. Ce dernier est, en effet, absolument libre de tenir compte ou non des indications qui lui sont faites par les juges de touche.

Comme nous l'avons dit, au moment d'une tentative de but, les juges de touche doivent se rendre derrière les poteaux du but visé pour renseigner l'arbitre sur la réussite ou l'insuccès de la tentative qui a été faite.

Les juges de touche doivent bien faire attention à ne pas gêner les mouvements du joueur chargé de relancer le ballon en jeu.

L'ENTRAINEMENT

MÉTHODE
A SUIVRE

Un jour vint où les dirigeants des premières équipes françaises de football rugby comprirent enfin que les matches disputés hebdomadairement étaient absolument insuffisants pour donner à leurs joueurs le degré d'entraînement nécessaire.

En conséquence, et à défaut des terrains de matches, trop éloignés, ils s'ingénièrent à trouver des locaux appropriés aux exercices que comporte le rugby.

Des gymnases et des manèges furent choisis pour la nature de leur sol qui permet l'entraînement aux plaquages et, depuis quelques années déjà, pendant chaque saison, une séance hebdomadaire d'entraînement réunit dans ces établissements quelques fanatiques désireux de progresser.

Je n'ai pour ma part assisté qu'aux réunions d'entraînement organisées par le Racing Club de France et cela me permet le consolant espoir qu'on travaille un peu mieux par ailleurs.

Jamais, en effet, je n'ai pu définir si le spectacle, qui m'était offert en ces occasions, m'a le plus frappé d'étonnement ou d'effroi.

La scène se renouvelle chaque vendredi soir de la saison de rugby dans un manège proche de la gare Saint-Lazare. En pénétrant à l'heure voulue dans cet établissement on a tout d'abord

à se garer soigneusement des gestes dangereux d'une quinzaine
d'énergumènes dont un spectateur, non prévenu, dirait que le
plus calme est atteint de frénésie. Et de fait, il est absolument
impossible de considérer comme raisonnables les actes de quinze
individus se précipitant les uns sur les autres, se bousculant, se
roulant à terre en des prises de lutte fantastiques cependant
qu'un ou deux ballons de rugby décrivent sans cesse, avec une
rapidité de météores, les trajectoires les plus dangereuses pour
les quinquets qui éclairent, comme à regret cette terrifiante
confusion.

Heureusement ces accès, en raison même de leur violence,
sont de courte durée. Il est extrêmement rare qu'un athlète s'entraîne ainsi sérieusement plus d'un quart d'heure. Généralement
la quinzième minute d'exercice le voit sur le flanc, haletant,
hagard et surtout désireux de se trouver au plus tôt en tête-à-
tête avec le bock réparateur ; c'est d'ailleurs un état semblable
d'hébétude que doivent ressentir certains derviches fanatiques
après leurs périodes de convulsions.

Il faut être doué d'une bonne dose d'optimisme pour espérer
un très bon résultat de ces pratiques. Toutefois elles ont au
moins le mérite d'indiquer qu'un effort a été fait dans la voie du
progrès ; mais il s'agit, à présent, de raisonner cet effort et de le
diriger plus directement vers le but à atteindre.

Il est, à notre avis, très facile aux dirigeants des principales
équipes françaises de tirer un meilleur profit de l'argent qu'ils
consacrent, sur les fonds de la société, à l'entraînement spécial
des joueurs. Il leur faut augmenter leur budget du football de
la somme nécessaire aux appointements d'un manager profes-
sionnel qui instruira leurs équipiers suivant la méthode
galloise.

La seule présence d'un personnage compétent et salarié indiquera aux joueurs que les séances d'entraînement ont véritable-

ment un caractère intéressant et les déterminera à s'y rendre en grand nombre et avec exactitude.

Nous ne saurions mieux faire, à ce propos, que de proposer comme modèle aux dirigeants qui s'intéressent sérieusement à l'avenir du rugby français, les méthodes d'entraînement pratiquées en Angleterre et spécialement au pays de Galles, où le rugby jouit d'une considération vraiment extraordinaire.

Et sans aller chercher des exemples chez nos voisins, ne voit-on pas ceux de nos compatriotes qui pratiquent le sport de l'escrime se soumettre plusieurs fois par semaine aux exigences d'un entraînement quelquefois pénible et accepter de bon cœur toutes les observations et les critiques de leurs professeurs et de leurs prévôts.

Pourquoi la méthode qui a fait trouver parmi les fleurettistes et les épéistes français les meilleurs escrimeurs du monde ne serait-elle pas mise en pratique par nos joueurs de football?

Pourquoi encore ceux des cercles athlétiques français dont la situation budgétaire est florissante n'auraient-ils pas leurs professeurs de football comme ils ont déjà leurs professeurs salariés pour la boxe, l'escrime et même la course à pied ?

Pour l'exemple, nous citerons l'organisation matérielle du Cardiff Football Club dont nous avons pu, guidé par un de ses membres, le très célèbre trois-quart international Gabe, examiner tous les détails.

Le terrain de jeu du Cardiff F. C. est situé au centre même de la ville. Cet emplacement favorise, comme on le pense, les équipiers qui ne manquent pas de s'y rendre chaque fois que le temps et leurs occupations le leur permettent.

En dehors de ces occasions dont ils peuvent ou non profiter, ils sont tenus, pour conserver leur place dans l'équipe, de se rendre, deux fois par semaine, à des heures déterminées, sur le terrain pour s'y exercer individuellement et collectivement.

Lorsque le temps le permet, les exercices ont lieu sur le terrain même, et, quand la température est trop mauvaise, l'entraînement se fait dans un hall couvert, attenant au terrain, et dont les dimensions et l'installation permettent de s'exercer aux différents coups de pied.

Tous les accessoires nécessaires à la pratique de la gymnastique suédoise sont encore dans ce hall à la disposition des hommes à l'entraînement.

Il n'est naturellement pas question de se livrer, dans cet établissement, aux caprices de la fantaisie. Le travail général et individuel est soigneusement suivi par des managers également compétents en culture physique et en football rugby.

Ces managers donnent en conséquence à chaque joueur les conseils dont il peut particulièrement tirer le plus de profit et lui indiquent ses défauts et la meilleure manière de les corriger. Il ne vient à l'idée d'aucun de ceux qui sont l'objet d'une observation de ne pas l'admettre ou de tourner en dérision les leçons qu'il reçoit. Les joueurs les plus célèbres eux-mêmes, se soumettent volontiers à ces critiques autorisées et se montrent aussi disciplinés que le moins expérimenté des débutants.

Nous ne voyons pas pourquoi les joueurs de rugby français n'imiteraient pas leurs maîtres et n'accepteraient pas avec une semblable considération les conseils que peuvent leur donner des personnes connues d'ailleurs pour leur compétence en semblable matière.

En attendant qu'il en soit ainsi, indiquons quelques procédés convenables à mettre en bonne condition physique un joueur de football.

Il faut d'abord considérer que le joueur de football ne s'entraîne pas spécialement en vue d'un seul match, mais pour toute une saison.

Donc, un mois au moins avant les premières parties, il doit

Attaques par passes des trois quarts zélandais. — Wallace en possession du ballon (Match New-Zélande-East Midlands 1905). — Une des principales conditions de l'efficacité d'une attaque par passes est la très grande rapidité.

Équipe du Stade Bordelais University-Club,
Champion de France de football-rugby pour la saison 1907-1908.

Équipe du Football-Club de Lyon,
Champion de France de football-rugby pour la saison 1909-1910.

commencer sa préparation physique par des exercices d'assouplissement accompli chez lui et, quand il se peut, en plein air.

Un court travail exécuté quotidiennement avec des appareils extenseurs, des massues, des haltères légers, suivi de dix minutes de saut à la corde, redonne rapidement aux muscles tout ce qu'ils ont perdu en vigueur et en souplesse pendant une période d'inaction relative.

L'entraînement accompli à l'extérieur complétera admirablement ce travail qu'on peut dire préparatoire.

La course à pied sera toute la base de cet entraînement. Les distances à parcourir et l'allure à laquelle elles sont couvertes dépendra de l'état physique et de la nécessité où se trouve chaque joueur de progresser au point de vue de l'endurance et de la rapidité.

Au début de l'entraînement, il est ordinairement indispensable de s'alléger du poids d'une graisse inutile. Des courses exécutées, deux ou trois fois par semaine, à une allure très réduite, sur deux ou trois mille mètres, donneront toute satisfaction sur ce point à l'athlète qui revêtira, pour la circonstance, deux ou trois épais maillots de laine et qui fera suivre son travail d'une douche en pluie, dont la durée ne devra pas toutefois dépasser quinze secondes. Une friction légère au gant de crin et un bon massage s'ajouteront très profitablement à cette opération.

Il faudra bien se garder de continuer ce genre d'exercice jusqu'au point de n'avoir plus un gramme de graisse à perdre autrement, et d'être tout en muscles, sans quoi la fatigue porterait directement sur ces organes et un repos absolu s'imposerait des suites de ce phénomène.

Quand donc le travail exécuté, ainsi que nous l'avons dit, sur des distances assez longues, aura convenablement allégé un joueur et lui aura en même temps donné du souffle et de l'endurance, il lui sera nécessaire de passer à un autre genre d'exercice qui, tout en le maintenant dans ces bonnes conditions, le fera progresser en vitesse.

Pour cela, il devra s'exercer à couvrir très rapidement des petites distances. Il développera d'abord son allure sur des parcours de cent à deux cents mètres, puis il cherchera à se mettre en action le plus vite possible par des démarrages sur vingt ou trente mètres.

Cette qualité de démarrer sec et d'être très vite sur une trentaine de mètres est surtout nécessaire aux joueurs des lignes arrières qui ont bien plus d'occasions d'avoir à fournir un effort semblable que d'accomplir des courses plus longues.

Ajoutons que la boxe anglaise, pratiquée plutôt comme exercice que comme sport, constitue un excellent entraînement pour le football et qu'il ne faut, naturellement, jamais perdre une occasion que l'on a de s'exercer avec un ballon, en mettant en pratique les théories que nous avons exposées sur chacun des procédés du jeu.

La seule recommandation à faire au point de vue du régime à suivre par un joueur de football à l'entraînement est d'éviter absolument tout excès. Il est loin d'être indispensable que son existence ressemble à celle d'un chartreux, mais il est absolument nécessaire qu'il ne transige jamais avec les règles de la simple hygiène.

Nous nous doutons bien que ces prescriptions n'obtiendront qu'un succès relatif, et que, pour beaucoup de joueurs, tout entraînement consistera à s'abstenir par extraordinaire de noctambuler la veille d'un match très important. Toutefois, nous gardons l'espoir que l'esprit sportif se développera bientôt, de telle sorte que la pratique d'un jeu comme le football rugby deviendra tout à fait incompatible avec les performances accomplies par ceux qui font ordinairement la fête.

CONSEILS PRATIQUES

L'ÉQUIPEMENT

Il est de toute importance, pour bien jouer, d'être convenablement équipé. Cela signifie surtout qu'il faut avoir des vêtements rigoureusement ajustés.

Je n'ai jamais pu, pour ma part, jouer agréablement dans des vêtements d'emprunt et je crois sincèrement qu'il en est de même pour tout le monde.

Ayez donc, en propre, et plutôt deux fois qu'une, l'équipement dont le détail suit :

1° *Un solide maillot de coton aux couleurs de votre équipe ;*

2° *Une culotte de préférence en flanelle blanche ou noire suivant la nuance adoptée par vos partenaires ;*

3° *Une paire de bas en laine ;*

4° *Une paire de souliers spéciaux.*

Le maillot doit donner le moins de prise possible à l'adversaire. Pour cela, choisissez le très collant. Le modèle le plus recommandable est celui qui a été créé et adopté par les joueurs de la Nouvelle-Zélande.

La collerette du maillot ancien a été supprimée dans ce modèle qui se ferme exactement sur le cou et sur la poitrine au moyen d'un lacet, exempt, pour des raisons que l'on devine, des bouts ferrés ordinaires.

Il n'est pas inutile d'ajouter que le maillot de football doit avoir des manches : cela dit pour quelques joueurs assez vains de la musculature de leurs bras pour les exhiber ridiculement et en dehors de toute nécessité.

La culotte doit s'ajuster à la taille de telle façon qu'une ceinture ne soit pas nécessaire à son maintien. Le joueur qui aura des raisons de tenir à ce dernier accessoire fera bien de se servir d'un simple morceau d'étoffe comme, par exemple, d'une vieille cravate nouée sur le côté.

La culotte ne doit pas recouvrir le genou et il est préférable de la choisir sans poche. Le maillot sera rabattu sur la culotte pour la raison que cette disposition offre moins de prise à l'adversaire.

Les bas en laine seront fixés au-dessous du genou. Bien des joueurs supportent difficilement le contact de la jarretière. Indiquons à ceux-là le moyen qui consiste à faire tenir les bas par un lien formé de cinq à six bouts de laine coupés à longueur convenable.

Les souliers sont la pièce la plus importante du costume du joueur de football. Le système le plus économique de les acquérir est, à notre sens, de prendre tout ce qui se fait de mieux. Des souliers de très bonne qualité, convenablement entretenus, peuvent faire deux ou trois saisons alors qu'on jouera une seule saison et sans agrément avec des modèles à prix réduit.

On peut trouver actuellement dans les maisons spéciales d'articles sportifs des souliers de football dits « américains ».

Ce modèle est tout à fait recommandable pour le dispositif qu'il comporte et qui consiste en une armature articulée en acier, laquelle, fixée sur un des côtés du soulier, joue convenablement avec l'articulation de la cheville et empêche pourtant tout mouvement anormal du pied par rapport à la jambe. C'est une prévention infaillible contre les entorses de la cheville.

Cet équipement peut être complété d'un épais veston de laine que l'on revêtira avant la partie et pendant le repos régle mentaire.

L'emploi des genouillères en tissu caoutchouté est très recommandable à tous les joueurs, quelle que soit leur place. On s'habitue très rapidement au port de cet accessoire et l'on peut éviter, grâce à lui, les entorses du genou qui terminent bien souvent, d'une façon prématurée, des carrières de joueur qui s'annonçaient brillantes.

On peut encore conseiller aux joueurs des lignes arrières de se munir de gants en laine mince dont ils couperont l'extrémité des doigts pour les employer par les temps pluvieux. Ils saisiront ainsi un ballon glissant avec plus de chances de conserver leur prise.

J'ai vu quelquefois des équipiers jouer en conservant sur leurs têtes les coiffures les plus étranges tels que casquettes, polos, bérets et bonnets de coton ! Pourquoi ?...

Par contre il est indispensable aux joueurs de mêlée qui tiennent à conserver à leurs oreilles toute la finesse de leur modelé, de préserver soigneusement ces organes des contacts un peu rudes qui les attendent en mêlée en les recouvrant de l'accessoire que le commerce fournit pour cet usage spécial.

Ajoutons que le commerce s'est également intéressé à la protection des parties du corps les plus sensibles et qu'il est recommandable d'utiliser les résultats des recherches qui furent faites dans ce sens.

AVANT LA PARTIE

Déjeunez légèrement à l'heure voulue pour vous trouver sur le terrain au moins une heure avant le match. Avant de partir assurez-vous que votre sac contient au complet toutes les pièces de votre équipement.

Levez-vous de table aussitôt après avoir déjeuné et rendez-vous à pied au terrain de jeu s'il n'est pas distant de plus de deux kilomètres. En ce cas faites le chemin sans vous presser et sans vous énerver en discourant éperdument sur les chances respectives de votre équipe et de vos adversaires.

Arrivé sur le terrain, rendez-vous immédiatement au vestiaire et déshabillez-vous sans hâte mais aussi sans lenteur.

Frictionnez-vous ensuite légèrement avec un gant de crin de bas en haut et massez-vous en employant un liniment convenable. Ces opérations ont un excellent effet sur le physique comme sur le moral. Pour le premier point de vue elles assouplissent les muscles et les préparent aux prochains efforts ; pour le second leur résultat est de mettre un joueur en confiance, en lui faisant éprouver la sensation que son état physique ne laisse rien à désirer.

Revêtez ensuite les différentes pièces de votre costume en apportant tous vos soins à parfaire leur ajustement, couvrez-vous chaudement et allez recevoir avec vos partenaires les recommandations de votre capitaine.

Écoutez attentivement ces recommandations, efforcez-vous d'en bien pénétrer le sens et prenez avec vous-même l'engagement de les mettre à profit. Cette observation des plus importantes est pourtant négligée de la plupart des joueurs qui, après avoir écouté d'un air très attentif les dernières instructions qui leur sont données, en ont complètement perdu le souvenir au moment du coup d'envoi.

A l'instant où vous prenez votre place sur le terrain, promettez-vous de fournir le meilleur jeu possible pendant toute la durée de la partie et de raisonner à tout moment chacun de vos actes.

PENDANT LA PARTIE

POUR LES AVANTS Suivez le ballon constamment en vous employant à fond. Le premier quart d'heure est quelquefois pénible, mais l'équilibre des fonctions organiques se rétablit par la suite chez le joueur qui a courageusement persévéré dans son effort.

Jouez l'homme sans brutalité mais avec la plus grande détermination ; considérez que vous avez pour mission, avec vos partenaires de première ligne, de faire le terrain net pour vos camarades des divisions d'attaque.

Si un adversaire reste sur le ballon que vous dribbliez, ne vous agenouillez pas devant lui pour le lui disputer avec les mains. Cherchez à dégager le ballon avec les pieds et, sans naturellement viser de parti pris un endroit sensible du corps de votre ennemi, inspirez-vous, en agissant, de ce qu'il ne tient qu'à lui de n'avoir pas à souffrir du contact de vos souliers.

Si un de vos adversaires vous insulte et vous menace, ne tenez compte ni des paroles ni des gestes, laissez cet irascible en plan et suivez votre jeu sans lui répondre un mot.

POUR LES DEMIS Cherchez à pénétrer autant que possible la tactique ordinaire de vos adversaires. Variez la vôtre autant que vous le pourrez, tout en lui conservant un certain caractère de sobriété.

Ne vous risquez pas à opérer en marge du code et méfiez-vous des arbitres, qui ont pour principe de n'accorder des coups francs que devant les buts des fautifs.

POUR LES TROIS-QUARTS Souvenez-vous qu'il y a beaucoup de bien à attendre des combinaisons d'attaque faites entre deux trois-quarts centres.

Surveillez attentivement vos demis pour les suivre dans l'attaque ou pour vous porter ensemble au-devant de l'offensive adverse.

Souvenez-vous que vous ne devez passer le ballon qu'à celui de vos suivants qui peut librement faire une course d'au moins dix mètres, et que le coup de pied en touche fait sûrement gagner du terrain sans fatigue.

Considérez encore que vous avez presque toujours mal joué quand vous vous êtes fait arrêter avec le ballon. La passe et le coup de pied qui étaient à votre disposition ne méritaient pas votre dédain.

POUR L'ARRIÈRE Rappelez-vous que votre jeu doit, par son caractère sobre, donner toute confiance à vos partenaires et, en conséquence, ne cherchez jamais, par un style fantaisiste et dangereux, à vous attirer les applaudissements d'un public rarement compétent.

POUR CHAQUE JOUEUR Mettez-vous bien dans l'idée que quand vous commettez une maladresse vous n'êtes que légèrement répréhensible, car nul n'est parfait, mais que vous devenez tout à fait impardonnable si vous ne cherchez pas immédiatement, et de tout votre pouvoir, à atténuer les conséquences de votre faute.

PENDANT LA MI-TEMPS Ne quittez jamais le terrain de jeu, mais assemblez-vous rapidement autour de votre capitaine pour faire votre profit des observations générales et particulières qu'il ne manquera pas de faire.

APRÈS LA PARTIE Rentrez au plus tôt au vestiaire. Nettoyez-vous et pansez-vous s'il est nécessaire, puis habillez-vous sans tarder. De retour chez vous, faites nettoyer vos vêtements mouillés et occupez-vous personnellement des soins à donner à vos chaussures de sport.

La meilleure façon de procéder est de les nettoyer à l'eau chaude grasse et de bien les essuyer. Vous aurez ainsi l'occasion de vérifier si les crampons en sont en bon état, s'il en est de même pour les lacets et si rien intérieurement n'est susceptible de vous blesser le pied.

POUR LE CAPITAINE Le capitaine doit s'assurer, avant toute chose, qu'il y aura au moins un ballon en bon état sur le terrain de jeu et, pour être sûr de son fait, il en emportera un avec lui.

Il aura préparé quelques notes dont il s'inspirera pour faire ses dernières recommandations à ses joueurs, et il n'oubliera pas, s'il s'agit d'un match officiel, de se munir de toutes les pièces indiquées dans les règlements que nous donnons d'autre part et qui régissent ces sortes de parties.

APPENDICE

VAINQUEURS DES
CHAMPIONNATS
DE FRANCE DE
FOOTBALL-RUGBY

INTERCLUBS

1892. Racing Club de France (capitaine C. de Candamo).
1893. Stade français (cap. E. Saint-Chaffray).
1894. Stade français (cap. L. Dedet).
1895. Stade français (cap. L. Dedet).
1896. Olympique (cap. T.-F. Potter).
1897. Stade français (cap. J. Olivier).
1898. Stade français (cap. Ch. Bernard).
1899. Stade bordelais (cap. Lauga).
1900. Racing Club de France (cap. Fr. Reichel).
1901. Stade français (cap. L. Dedet).
1902. Racing Club de France (cap. Lefèvre).
1903. Stade français (cap. Muir).
1904. Stade bordelais U. C. (cap. Laporte).
1905. Stade bordelais U. C. (cap. Laporte).
1906. Stade bordelais U. C. (cap. Laporte).
1907. Stade bordelais U. C. (cap. Gomnès).
1908. Stade français (cap. Ch. Beaurin).
1909. Stade bordelais (cap. Giaccardy).
1910. Football Club de Lyon (cap. Bavozet).

INTERSCOLAIRES

1890. Association Athlétique de l'Ecole Monge.
1891. Union Athlétique du Lycée Michelet.

1892. Association Athlétique de l'École Alsacienne.
1893. Association Sportive du Lycée Henri IV.
1894. Association Sportive du Lycée Henri IV.
1895. Association Athlétique de l'École Albert-le-Grand.
1896. Association Sportive du Lycée Louis-le-Grand.
1897. Association Sportive du Lycée Louis-le Grand.
1898. Association Athlétique de l'École Albert-le-Grand,
1899. Association Athlétique de l'École Albert-le-Grand.
1900. Association Sportive du Lycée de Chartres.
1901. Association Sportive du Lycée de Chartres.
1902. Association Athlétique du Lycée Janson-de-Sailly.
1903. Union sportive du Lycée d'Orléans.
1904. Association Athlétique du Lycée Hoche de Versailles.
1905. Union Athlétique du Lycée Carnot de Dijon.
1906. Union Athlétique du Lycée Carnot de Dijon.
1907. Association Sportive du Lycée de Nantes.
1908. Association Sportive du Lycée Janson.
1909. Association Sportive du Lycée d'Aix.
1910. Association sportive du Lycée de Bordeaux.

RÉSULTATS DES MATCHES INTERNATIONAUX DE FOOTBALL RUGBY

ANNÉES		LIEU DU MATCH	RÉSULTATS
1906.	Angleterre bat la France	Paris	35 à 8.
1907.	Angleterre —	Londres	41 à 13.
1908.	Angleterre —	Paris	19 à rien.
1909.	Angleterre —	Leicester	22 à rien.
1910.	Angleterre —	Paris.	

—————————— FRANCE CONTRE PAYS DE GALLES ——————————

1908.	Galles bat la France	Cardiff	36 à 4.
1909.	Galles —	Paris	47 à 3.
1910.	Galles —	Swansea	49 à 14.

—————————— FRANCE CONTRE IRLANDE ——————————

1909.	Irlande bat la France	Dublin	19 à 8.
1910.	Irlande —	Paris.	

—————————— FRANCE CONTRE ÉCOSSE ——————————

1910.	Écosse bat la France	Edimbourg	27 à rien.

LE FOOTBALL AMÉRICAIN

COMPARAISON
AVEC NOS JEUX

PARLER du football tel qu'on le joue de l'autre côté de l'Atlantique est parler d'une chose, pour nous autres Français, inconnue, car ce n'est pas l'unique match joué l'hiver dernier entre deux teams de l'escadre américaine qui peut nous renseigner beaucoup à ce sujet.

Il est vrai, d'autre part, que durant toutes ces dernières années les journaux nous apprenaient de temps en temps que tel match entre Yale et Harward ou entre Cornell et Princeton s'était terminé par des morts d'hommes et pas mal de membres cassés, ou bien que la police était intervenue pour mettre un frein à l'ardeur des joueurs en interrompant la partie.

Nous avons même lu, il n'y a pas si longtemps, qu'une vive campagne avait été menée contre les brutalités du dit football.

Mais tout ceci ne nous a pas appris grand'chose au sujet du football aux États-Unis. La seule chose sur laquelle nous sommes bien fixés c'est que, pour le jouer, on se capitonne soigneusement des pieds à la tête et qu'on se garantit le chef par tout un

ensemble de protège-oreilles et de protège-nez inusités en
Europe.

Si l'on s'en rapporte aux auteurs anglais, le football américain
est de beaucoup le cadet de l'association et du rugby, ses doyens.
Il ne date pas de plus d'une cinquantaine d'années, ce qui, pour
un sport qui se respecte, est la petite enfance.

Il ne faudrait pas en conclure que le football que l'on joue
actuellement à Yale ou à Harward ressemble en quoi que ce
soit au jeu de ballon qui se pratiquait dans les fermes le jour de
Thanksgiving, après un plantureux déjeuner où le dindon tra-
ditionnel avait amené la joie.

Ce jour-là, en sortant de table, on se rendait entre hommes
dans la cour et on s'amusait follement à donner de grands coups
de pied dans une vessie de cochon gonflée d'air.

Plus tard, cette distraction simple ne suffisant plus, les joueurs
se réunirent en équipes et commencèrent à pratiquer un dérivé
sauvage de l'association, qui ne ressemblait du reste en rien au
jeu qu'on pratiquait à cette époque en Angleterre.

Il n'y avait pas de règles générales. Chaque équipe avait les
siennes et, avant un match, les capitaines s'entendaient pour
savoir comment on jouerait.

Cela permettait du reste à l'équipe vaincue de soutenir que,
si on avait joué avec ses règles à elle, le résultat eût été tout
autre.

Les collèges, il fallait s'y attendre, avaient adopté cet amuse-
ment, mais les parties n'étaient au fond que prétextes à batailles
entre les anciens et les nouveaux. On se cognait du reste tellement dur que les Universités s'émurent et interdirent le jeu.

Cela ne l'empêcha pas de subsister, mais il se civilisa un peu
et finalement quand, vers 1871, les matches entre collèges commencèrent, il y avait des règles à peu près semblables partout.

N'allez pas croire, toutefois, qu'elles étaient absolument pré-

ÉQUIPEMENT DU JOUEUR. — Le football américain est si dur, si violent et expose à tant de coups que les joueurs n'engagent la partie que la tête et le visage protégés par un masque.

Une des différences du football américain et du football-rugby consiste en ce que, lorsqu'un demi charge avec la balle, il est accompagné de deux avants qui le protègent.

Cette photographie, en même temps qu'elle montre la disposition des différents joueurs au moment du coup d'envoi, fait voir le tracé d'un terrain de football américain.

cises, vous vous tromperiez. L'arbitre faisait un peu ce qu'il vou-
lait.

Les équipes étaient de 20 hommes chacune, vêtus pour la plupart de pantalons longs, et leurs maillots étaient passés sur les pantalons.

Le ballon rond et en caoutchouc noir pouvait être frappé de la main ou du pied, mais non porté. Toutefois, on pouvait courir en le faisant sauter d'une main dans l'autre. C'était du reste surtout comme cela, bien plus qu'en le dribblant, qu'on le faisait avancer. Pour faire un point, il fallait faire passer la balle entre les poteaux, mais sous la barre.

Enfin, chose charmante, pour arrêter un adversaire on lui envoyait tout simplement l'épaule dans le flanc, ce qui, à grande vitesse, ne devait pas manquer d'agrément.

En 1873, le besoin s'en faisant sentir, un congrès des collèges jouant le football se tint à New-York et édicta des règles.

La même année vit un match anglo-américain. Contrairement aux habitudes américaines, il n'y avait que 11 joueurs par côté et le jeu ressembla un peu à l'association.

Toutefois, pendant deux ans encore, le jeu ne fit pas de grands progrès.

C'est alors que Harward, pour pouvoir matcher les Canadiens ayant appris à ses joueurs le rugby, ceux-ci en furent tellement enthousiasmés qu'ils invitèrent leurs collègues de Yale à suivre leur exemple.

Entre les deux Universités, la rivalité était grande et toute occasion de lutte était la bienvenue, mais Yale pratiquait le jeu américain et y tenait. On transigea, et en 1875 un code fut établi qui mêlait agréablement les règles anglaises et américaines.

C'est alors que le premier match eut lieu.

Le jeu penchant plus vers le rugby que vers l'association, Harward eut le dessus.

L'année suivante, nouveau changement. Les deux collèges estimèrent qu'au lieu de jouer un jeu bâtard il valait mieux jouer tout simplement le vrai rugby, et cette fois l'équipe de Yale, mieux entraînée, triompha après un match très disputé.

Il ne faudrait pas croire, toutefois, que le rugby américain

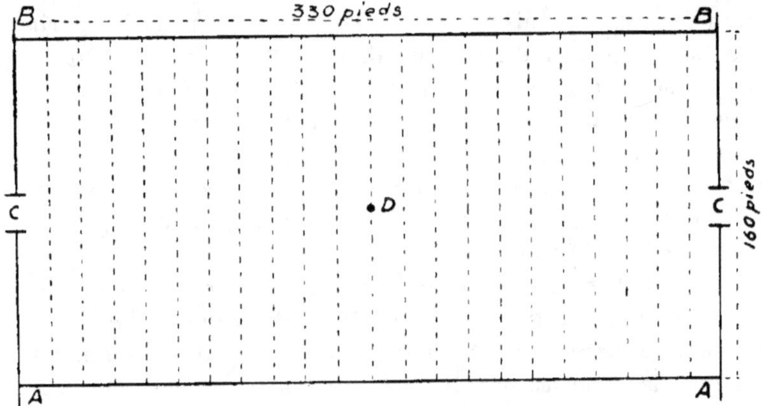

Fig. A. — Terrain de football américain.
AB, lignes de but : AA, BB, lignes de touche : ..... divisions du terrain.

actuel soit identique à celui qu'on joue en Angleterre. Les Américains n'ayant pas pour eux la tradition ont interprété les règles de façon parfois inattendue, ce qui a donné au jeu une physionomie toute spéciale.

Les équipes sont restées de 11 hommes, comme dans le vieux football américain.

Le terrain mesure 330 pieds de long sur 160 de large et porte, de 5 yards en 5 yards, une ligne parallèle à la ligne de but. Toutes ces raies blanches sont tracées pour permettre à l'arbitre de se rendre compte du terrain gagné dans les charges.

L'équipe est divisée comme suit :

1° Sept avants ou chargeurs (rushers) sur une ligne ;

2° Derrière eux, très près et au centre, un trois-quart ;

3° Quelques yards derrière celui-ci, deux demis ;

4° Enfin, douze yards derrière ceux-ci, l'arrière ou gardien de but.

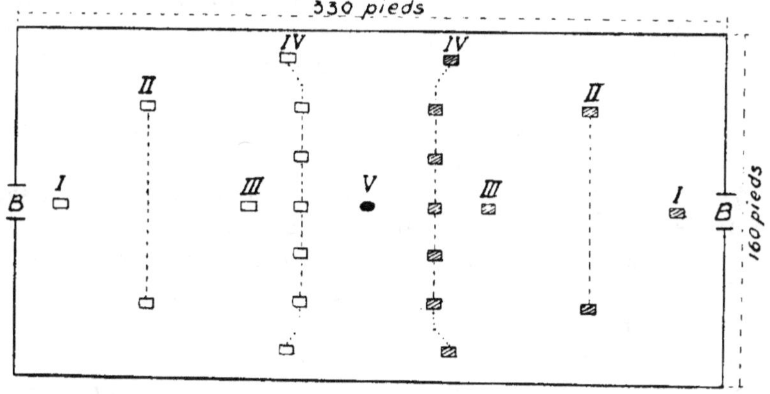

Fig. B. — Disposition des joueurs au coup d'envoi.
I, arrière ; II, demis ; III, trois-quart ; IV, avants ; V, ballon.

Le parti opposé étant sur une ligne, à dix yards du centre, l'avant centre de l'équipe qui a gagné l'envoi peut faire trois choses : donner un long coup de pied, ou bien simplement toucher la balle du pied, la ramasser et la passer, ou enfin, l'ayant ramassée après l'avoir touchée du pied, la renvoyer d'un coup de pied.

La méthode la plus usitée est la seconde : l'avant centre ayant touché le ballon du pied, le prend et le passe derrière lui à un avant autour duquel tous les autres viennent se grouper dans une formation en forme de coin (wedge), et les sept hommes se précipitent alors dans le camp adverse, le porteur du ballon

protégé par les autres. Inutile de vous dire que, dès que l'avant
centre a touché le ballon, les avants ennemis se sont élancés, et
c'est contre le coin dont nous parlions plus haut une ruée qui
ne prend fin que lorsque l'homme porteur du ballon étant immo-
bilisé, crie : « Down » (à bas).

A ce moment, un équipier spécialement entraîné à cela et dit
snap back, prend la balle et la pose sur le sol au point exact
de l'arrêt, et la mêlée se forme autour d'elle. Cette mêlée consiste
simplement en ceci :

Les deux lignes d'avants restent face à face, séparées par la
balle. La balle est alors remise en jeu par le snap back qui la
saisit et la passe en arrière au trois-quart. Celui-ci la repasse
à un des demis, qui, lui, charge ou s'en débarrasse d'un coup
de pied, tandis que le parti ennemi s'élance pour l'en empêcher.

C'est ici que se place une des règles la plus caractéristiques
du jeu américain.

Dès que le snap back a envoyé la balle en arrière de lui, il a
mis en réalité tous les autres avants off-side, ce qui les oblige à
rester sur place et à ne pas se servir de leurs mains ou de leurs
pieds pour arrêter l'attaque des avants adverses ; ils ne peuvent
donc leur opposer que leurs corps, tandis que les autres les
repoussent de la main.

Le jeu continue ainsi par une série de « downs » suivis de
courses et de coups de pied.

Toutefois, comme il pourrait se faire qu'un parti conservât
indéfiniment la balle, sans pour cela avancer ni reculer, ce qui
rendrait le jeu monotone pour le spectateur et plus qu'ennuyeux
pour le parti adverse, la règle suivante a été admise :

« Si dans trois downs ou fairs (ce dernier mot désigne les
mêlées ou touches) consécutifs la balle n'a pas avancé de 5 yards
ou reculé de 20, elle doit être remise à l'autre équipe. »

Le jeu n'en est que plus rapide, car pour éviter de se voir

appliquer cette règle, l'équipe qui a la balle donne un coup de pied en avant quand elle vient de faire un down ou un fair, ce qui permet aux adversaires d'essayer de s'emparer du ballon.

Une autre différence fondamentale entre le rugby américain et le rugby anglais est que, dans le premier, quand un demi charge avec la balle, il peut être accompagné dans son mouvement par deux avants qui, sans toutefois se servir ni de leurs mains ni de leurs pieds, peuvent le protéger de leurs corps.

Cette règle est du reste toute nouvelle et provient d'une manœuvre autrefois interdite, qui a peu à peu paru intéressante et pratique et a ainsi pris force de loi.

Quand un homme marque le ballon, arrivé par coup de pied, il a le droit de donner celui des trois coups de pied classiques qui lui paraît le plus utile, ou comme le wedge (coin) est de nos jours en vogue, de faire exécuter cette manœuvre par son équipe.

Dans le jeu américain, les méthodes de remise en touche sont assez nombreuses.

On peut : 1º Lancer le ballon à la main comme nous le faisons nous-mêmes ;

2º Le faire rebondir à terre et le passer en arrière ;

3º Ou bien, plus simplement encore, rentrer avec lui sur le terrain et faire une mêlée.

Dans ce dernier cas avant de rentrer sur le terrain, l'homme qui a le ballon doit déclarer combien de pas il a l'intention de faire avant de poser le ballon par terre pour la mêlée.

Admettons que l'une des équipes soit peu à peu arrivée à portée des buts adverses.

Le capitaine doit à ce moment juger s'il est plus pratique d'essayer un drop-goal ou bien simplement de continuer les charges pour porter la balle de l'autre côté de la ligne de but. Cette manœuvre compte comme un essai et vaut 4 points par elle-même et 6 quand le coup de pied consécutif est réussi, tandis que le drop-goal compte 5 points mais est, somme toute, assez hasardeux.

En effet, admettons que le ballon lancé par un drop-goal ne soit pas passé entre les poteaux, mais qu'il soit tombé derrière la ligne de but. Le parti attaqué a le droit alors de se porter sur la ligne des 25 yards, pour donner un coup de pied franc.

Admettons d'autre part que par suite des downs le ballon soit arrivé près du but du parti B et que l'un des défenseurs de celui-ci l'ait saisi. S'il se voit menacé et dans l'impossibilité de dégager en avant, il peut rentrer lui-même la balle derrière les buts. Ce fait permet de reporter le ballon aux 25 yards pour la remise en jeu, mais donne 2 points au parti A.

Enfin, un but réussi sur un coup placé compte 5 points.

Les mi-temps sont de trois quarts d'heure séparés par un intervalle de 10 minutes.

Une des grandes différences entre le jeu anglais et le jeu américain consiste dans la mêlée, qui, il faut bien le reconnaître, est plus rationnelle et plus juste chez les Américains.

En effet, que voyons-nous dans la mêlée anglaise ? Deux masses d'hommes qui, têtes baissées, poussent l'une contre l'autre pour s'assurer la possession de la balle et celle-ci sortant en avant ou en arrière quand ce n'est pas sur les côtés.

Cette mêlée ne garantit en rien les droits du camp qui avait le ballon en dernier lieu, tandis que dans la mêlée américaine ces droits le sont complètement.

En effet, dans la mêlée américaine c'est toujours le snap back de l'équipe qui avait la dernière le ballon qui le remet en jeu par une passe en arrière au trois-quart équipier qui est la clef de voûte du onze, car c'est lui qui alors distribue le jeu. Telles sont les principales lignes du football qui passionne les États-Unis.

C'est vers la fin de novembre qu'ont lieu les matches entre les Universités, et ces jours-là la foule qui se presse autour du terrain n'a d'équivalent comme emballement que celle qui assiste aux grandes finales d'association en Angleterre.

C'est une chose impressionnante que de voir, autour des terrains de football américains, ces amphithéâtres immenses garnis à croûler d'un public enthousiaste, bruyant, haletant, qui se passionne aux péripéties et participe à toutes les émotions de la lutte.